Wolf Schneider

DIE KOCHENDEN SEENOTRETTER

Kapitän Karl Friedrich Brückner
Klaus-D. Wybrands

Sie erzählen ihre spannendsten Geschichten
und verraten ihre besten Rezepte
von Bord der Seenotrettungskreuzer
GEORG BREUSING und ALFRIED KRUPP

BurkanaVerlag

Herausgeber:	Burkana Verlag
Text:	Wolf Schneider
Layout und Design:	Patrick Burth / Dominik Schneider
Lektorat:	Ulrike Schneider
Bilder:	Peter Bertram / Andreas Borgert / Fritz Brückner /
	die reporter nachrichtenagentur / Christian Erdwiens /
	Rudi Erdwiens /DGzRS / Udo Kaja / Ulrike Schneider /
	Wolf Schneider / Klaus Wybrands / Jörg Zogel
Gesamtherstellung:	Burkana Media
ISBN:	978-3-9812209-8-8

© 2010 Burkana Verlag, Hindenburgstr. 77, 26757 Borkum
www.burkana-verlag.de
Tel. 0 49 22-99 00 82
E-Mail: redaktion@burkana-verlag.de

Wolf Schneider

DIE KOCHENDEN SEENOTRETTER

Kapitän Karl Friedrich Brückner
Klaus-D. Wybrands

INHALT

PROLOG

Rund um die Uhr sind die Seenotretter der Deutschen Gesellschaft zur Rettung Schiffbrüchiger im Einsatz, und das seit 1865. Unter ihnen sind viele Borkumer, die von der westlichsten Station aus in der Nordsee ihren Dienst tun. Zwei von ihnen sind Kapitän Karl Friedrich „Fritz" Brückner und Klaus Wybrands. Fritz war seit 1973 einer der festangestellten Rettungsmänner und von 1976 bis 2001 als Nachfolger des legendären Wilhelm Eilers Erster Vormann der „Georg Breusing" und später der „Alfried Krupp". Klaus Wybrands ist einer der vielen freiwilligen Rettungsmänner, die ehrenamtlich eine wichtige Funktion an Bord der Rettungskreuzer erfüllen. Beide gehören zu den Männern, die rausfahren, um Leben zu retten und oftmals ihr eigenes dabei riskieren. Die See ist unberechenbar, und das wissen Fritz Brückner, Klaus Wybrands und ihre vielen Kollegen. Jeder, der das Leben am Meer liebt, weiß, wie schön es ist. Aber es ist auch mächtig und hinter dem strahlenden Antlitz auch sehr gefährlich.

Während ihrer jeweils 14 Tage dauernden Wache leben sie an Bord zusammen, Tag und Nacht. Einen festen Smut oder einen Steward gibt es nicht, das machen sie selber. Besonders gerne und gut kochen Fritz und Klaus. Retten ist Präzisionsarbeit, eine Frage der Routine und Erfahrung. Und das gilt auch für das Kochen an Bord, unter beengten Bedingungen, oft unterbrochen durch Einsätze auf See. Daraus ist die Idee entstanden, vom Leben an Bord und von den Einsätzen zu erzählen. Und die Rezepte zu beschreiben, die „Leib und Seele" der Männer an Bord zusammengehalten haben. Ausgangspunkt waren die Texte, die Klaus Wybrands unter dem Titel „Das etwas andere Kochbuch" seit einigen Jahren herausbringt. Fritz, Klaus und ich kamen gemeinsam zu dem Entschluss, auf dieser Grundlage ein Buch zu schreiben. Bei zahlreichen Kannen Tee haben wir in fast zwei Jahren viele Stunden zusammengesessen. Fritz und Klaus haben von ihrer spannenden Arbeit an Bord erzählt.

Die Borkumer haben eine intensive und besondere Beziehung zu ihren Rettungskreuzern und den Männern an Bord. Über viele Generationen schon sind sie im Einsatz vor Borkum und wissen nie, was als Nächstes passiert. Es gibt wohl niemanden auf der Insel, der nicht um die Wichtigkeit der ständigen Präsenz des Rettungskreuzers in seiner unmittelbaren Nähe weiß. Ralf Brinker, Erster Vormann der „Alfried Krupp" seit 2001 und Fritz Brückners Nachfolger, spricht für alle seine Männer auf Borkum und seine Kollegen an Nord- und Ostsee: „Das ist nicht einfach nur Routine, das macht auch ein bisschen stolz. Es ist schon etwas Außergewöhnliches, was wir tun dürfen. Wenn man nach einer Rettungsaktion in die Augen der Leute schaut, entschädigt das für vieles und man weiß, warum man das macht."

Mein besonderer Dank gilt meiner Frau Ulrike, die mit unendlicher Geduld die Texte lektorierte. Und ich danke besonders dem Mitautor Fritz Brückner, der den Text immer wieder las, seine lebenslange seemännische Erfahrung einbrachte und dabei Zeit fand, neue und spannende Geschichten zu erzählen. Ebenfalls großer Dank gilt dem Mitautor Klaus Wybrands. Sein „Ein etwas anderes Kochbuch" war die wichtige Grundlage und der Ausgangspunkt dieses Buches über die kochenden Seenotretter. Ebenso danke ich Dr. Norbert Pöschke, der darauf achtete, dass die wichtige medizinische Arbeit bei Rettungsaktionen korrekt dargestellt wurde.

Für mich war es eine große Freude, den beiden begnadeten Erzählern Fritz und Klaus zuzuhören und alles aufzuschreiben. Daraus ist dieses Buch entstanden. Gewidmet ist es allen Borkumer Rettungsmännern, die seit 1862 ihren ehrenvollen und gefährlichen Dienst verrichten. Denn sie kennen ihren Auftrag: Menschen zu retten aus Sturm und Not.

Wolf Schneider   Borkum, Juli 2010

FRITZ GEHT ZUR SEE

Kusel, ein kleines idyllisches Städtchen in der Pfalz. Sommer 1957. Karl Friedrich, sie nennen ihn hier alle Fritz, genießt den Sommer. Der 12-Jährige spielt mit seinen Freunden, wie jeden Tag, es sind Ferien. Und da biegt er wieder um die Ecke: Braungebrannt, den Seesack auf dem Rücken - Ernst, der Sohn der Nachbarn, kommt wieder für einige Tage zum Heimaturlaub zu seinen Eltern. Ernst ist Seemann. Seit fünf Jahren fährt er zur See. Alle zehn, zwölf Monate kommt er nach Hause. Sein Schiff hat in Hamburg angelegt und Ernst mustert für einige Wochen ab. Fritz kann es kaum erwarten, wieder seinen Erzählungen zu lauschen. Von Rio und Sydney, von Hongkong und Valparaiso schwärmt er. Als Ernst wieder in den Zug nach Hamburg steigt, steht für Karl Friedrich der Entschluss fest: Ich werde Seemann. Seine Freunde wollen Raketenkonstrukteur, Astronaut oder zumindest Förster werden. Fritz' Entschluss steht allerdings fest, Kapitän und nichts anderes kommt für ihn in Frage. Die Jahre vergehen, aber nicht sein Traum. Fritz wird bald 15 und die Schulzeit geht für ihn zu Ende. Der Berufsberater des örtlichen Arbeitsamtes ist über diesen Berufswunsch völlig entsetzt und schickt nach seinem Vater. Doch Fritz' Vater kennt seinen Ältesten, wenn der sich etwas in den Kopf gesetzt hat, dann zieht er das auch durch. „Wenn Fritz zur See fahren will, dann sorgst Du dafür, dass er zur See fährt", macht er dem Beamten im Kuseler Arbeitsamt freundlich aber unmissverständlich klar. Weit weg vom nächsten Meer ist dieser natürlich völlig überfordert und weiß gar nicht, wie man zur See gehen kann. „Dann ruf doch mal beim Arbeitsamt in Hamburg an und frage, wie das geht." Und tatsächlich, die Hamburger Beamten kennen den Weg. Wenige Monate später sitzt Karl Friedrich Brückner aus Kusel in der Pfalz im Zug. Hinter einer schnaufenden Dampflok bleibt seine Heimat zurück – Ziel: Seemannsschule Bremervörde. Seinen Eltern Erna und Max Brückner ist er heute noch dankbar, dass sie ihm ermöglicht haben „zur See zu fahren". Er hat seinen Traumberuf gefunden. Aber so genau weiß er das zu diesem Zeitpunkt selbst noch nicht.

Vor ihm steht Bootsmann Papendieck, ein Seemann, wie aus den besten Kinofilmen. Ein Hüne, fast 2 Meter groß, 63 Jahre alt, weiße Haare, ein Kreuz wie ein Schrank und Unterarme wie Oberschenkel, Hände wie Schaufeln. Kein Zweifel, Fritz ist angekommen in der Grundausbildung für seinen Traumberuf. Drei Monate wird er nun mit 99 weiteren Jungs unter dem Kommando von Papendieck und vier weiteren Ausbildungsoffizieren Knoten und Spleißen üben, Lichterführung, Sicherheit an Bord, Kompass und Morsen werden gepaukt. Nach drei Monaten muss alles sitzen, denn an Bord ist keine Zeit für Theorie für den jungen Moses. Und es sitzt alles, dafür hat Bootsmann Papendieck schon gesorgt. „Du först bi mi", das war alles, was der ältere Herr zu ihm sagt im Speisesaal. Nach drei Monaten hat Fritz seine erste Heuer. Der schweigsame Reeder aus dem Alten Land nördlich von Hamburg besitzt zwei Kümos und er braucht einen neuen Schiffsjungen. Der Reeder packt ihn und eine Ladung Äpfel in seinen alten VW Käfer und sie fahren nach Brunsbüttel, dem westlichen Ausgang des Nord-Ostsee-Kanals. Dort liegt sein Schiff, die „Jan Suhr", voll beladen mit Holz aus Schweden. Es ist Frühjahr 1960 – Fritz ist Schiffsjunge und die Seefahrt beginnt – in der Kombüse. Die Frau des Kapitäns fährt mit und Fritz lernt als Erstes, was der Käpt´n gerne isst. Und er muss lernen, für acht Mann an Bord zu kochen. Auf See beginnt der Arbeitstag früh um 5, um 20 vor 6 muss das Frühstück für die 6-Uhr Wache auf dem Tisch stehen. Fritz macht Reinschiff, schrubbt, kocht, macht Reinschiff, schrubbt, kocht.....Und endlich, der Kapitän ist zufrieden mit den Kochkünsten und den Reinigungsfähigkeiten seines Schiffsjungen, endlich darf er ans Ruder. Fritz lernt ein Schiff zu steuern. Selbststeuerung hat das Kümo noch nicht. Gefahren wird nur mit einem Magnetkompass, einem Typhoon, einer Glocke, einem Echolot und zwei Handloten. Aber da fast nur Ostfriesen auf dem Schiff fahren, wird er bald wieder nach unten in die Kombüse geschickt: Tee kochen. Fritz fährt überwiegend im europäischen Raum bis nach Frankreich, durch die Biskaya, nach Schottland und nach Schweden. Holz, Kohle, Koks und Porzellanerde sind die Güter, die sie transportieren. So schippert er durch die Welt und findet es wunderbar. Bis auf den Tag, als er zum ersten Mal den norddeutschen Grünkohl kennenlernt. In seiner Pfälzer Heimat unbekannt, ist Fritz begeistert von dem Essen, Grünkohl mit Kochwurst, Kartoffeln und Speck. Seeluft macht hungrig und ein heranwachsender junger Mann kann sowieso immer essen. Das Schiff läuft durch die Nordsee, kommt aus dem englischen Hafenstädtchen Hull und will zum Kiel-Kanal. Das Wetter ist schlecht und heftiger Seegang lässt das Schiff ordentlich schaukeln, stampfen und rollen. Und von dem leckeren norddeutschen Nationalgericht isst Fritz viel, sehr viel, viel zu viel. Und das Schiff stampft auf und nieder, rollt von backbord nach steuerbord, schlingert in der aufgewühlten Nordsee. Es passiert, was passieren muss - Fritz wird seekrank, der Grünkohl will raus. Aber irgendetwas bleibt irgendwo unterwegs stecken: Fritz ist in Not. Und wenn jemand an Bord krank wird, dann geht man zu seinem Käpt´n. Fritz will ihm klar machen, dass er ihn unbedingt retten müsse. Doch der Alte hat „keen Tied för de Jung". Aber zumindest ein Einsehen hat er. Der Südweststurm lässt nicht nach und der Kapitän steuert sein Schiff näher in den Schutz der holländischen Küste. Morgens ist auch für Fritz der Spuk vorbei. Der Sturm legt sich, die Dünung ist nicht mehr sehr hoch und Grünkohl gibt es auch keinen mehr. Fritz hat das überstanden, was alle jungen Seeleute durchmachen müssen - die erste und heftige Seekrankheit. Fritz ist wieder wohlauf, bereitet das Frühstück für die Mannschaft. Seitdem mag er die Kombüse und das Kochen an Bord.

Nach zweieinhalb Jahren Fahrt als Moses, Jungmann und Leichtmatrose legt Fritz 1962 seine Matrosenprüfung in Travemünde ab und ist nun Matrose. Er heuert bei der Reederei Hamburg-Süd an und geht auf Große Fahrt. Die weißen Schwäne des Südatlantik nennt man sie, die „Cap San Nicolas, „Cap Norte", „Cap Palmas". Waren die Kümo-Fahrten während seiner Ausbildung hart und entbehrungsreich, erlebt der junge Seemann nun die Glanzzeit der Seefahrt. Sechs Wochen liegt er im Hafen von Sydney, und in den Chinatowns der australischen und amerikanischen Häfen kauft er zusammen mit dem chinesischen Bordwäscher Hühner, Fische, Krustentiere und „tausend" andere Zutaten, die „Max", so werden alle Wäscher auf den Schiffen der „Hamburg Süd" genannt, in seiner Wäscherei unter der Back dann zubereitet. Dort gab es dann in Bier gekochte Fischzähne, Huhn mit Erdnüssen und undefinierbare Sachen, die aber teuflisch gut und manchmal auch ebenso scharf waren. Noch heute bedauert Fritz die „armen Reeder, die diese schönen Schiffe bezahlen mussten, damit wir damit um die Erde fahren durften – und noch Geld dafür bekamen". Und Fritz ergänzt: „Besser konnte man es doch gar nicht haben. Bis heute bin ich der glücklichste Mensch, dass ich mich entschlossen habe, zur See zu fahren." Seine Ziele sind nun Australien, die Südseeinseln, Nordamerika und die südamerikanische Küste. Er hat gute Kapitäne und eine soziale Reederei. Die erlauben ihren Seeleuten in den Häfen, wo es möglich ist, auch Landgang für mehrere Tage. So lernt er dort Land und Leute kennen und die Seefahrt ist besser als heute auf jedem ‚Traumschiff'.

Aber Fritz will Kapitän werden und dazu muss er auf die Seefahrtsschule– und dafür braucht er Geld. Unter den Seeleuten gilt der Spruch: „Hast du keine Mittel mehr, fahren wir in´s Mittelmeer." Die Reedereien fahren hier alle auf eigene Rechnung, es

„Jan Suhr" Fritz' erstes Schiff

gibt keine gemeinsamen Abfahrten und Ladungsbeteiligungen. Manchmal laufen sie am Tag vier Häfen an: von der türkischen Küste, Haselnüsse, Trockenfrüchte, Walnüsse nach Hamburg. Dann auf einen sogenannten „Viehdampfer", ein Schiff das lebende Tiere transportiert: Kühe, Schafe, Rinder von Dänemark und Irland nach Lübeck, Hamburg und Flensburg. Von Rostock nach Alexandria; 800 Pferde vom litauischen Klaipeda zum belgischen Oostende und französischen Le Treport. Er schuftet hart in dieser Zeit und häuft viele Überstunden an. Fritz weiß, warum er das macht. Er spart sein Geld, er will ja auf die Seefahrtsschule, sein Steuermannspatent machen.

Oft fährt er zu dieser Zeit an Borkum vorbei. Nur von See kennt er die weißen Strände und die Türme der Insel bisher – aber das wird sich ändern. Die Heuerstelle in Hamburg hat zwei Angebote für ihn: mit dem Lazarettschiff „Helgoland" nach Vietnam oder mit einem für die Marine fahrenden Tanker nach Borkum. Der weitgereiste Seemann entscheidet sich für Borkum – und findet dort sein Glück. Im Januar 1967 lernt er die junge Borkumerin Antje kennen und die beiden verlieben sich. Im gleichen Jahr geht Fritz nach Cuxhaven und legt 1968 sein Steuermannspatent ab. Bei seiner Vermieterin Frau Luxem wohnt er für 80 DM pro Monat. Dafür bekommt er ein Zimmer und eine Scheibe Graubrot mit Marmelade, einen Becher Kaffee und zwei Briketts pro Tag. Nicht gerade üppig ist das Leben in dieser Zeit, aber Fritz ist zum Lernen in Cuxhaven und Genuss hatte er genug auf seinen Reisen um die Welt. Und noch etwas Wichtiges passiert 1967 - Fritz verlobt sich mit seiner Antje. Doch das Meer ruft wieder: Als Offizier führt Fritz Schiffe nach Israel, Neapel und Marseille. Jamaika, St. Lucia, die Dominikanische Republik, Virgin Islands, Savannah/ Georgia sind jetzt seine Häfen. Diese Reisen dauern Monate und führen nicht wieder zurück nach Deutschland. Das Schiff ist auf weltweiter Trampfahrt. Seine Antje wartet auf ihn und ist mittlerweile nach Hamburg gezogen. Deswegen wechselt er die Reederei und fährt bei der O.P.D.R. nach Nordafrika, Spanien und Kanarische Inseln / Madeira. So kommt er alle 6-8 Wochen nach Hamburg. Und in dieser Zeit reift bei den beiden der Entschluss zu heiraten. Für Seeleute gibt es eine Sonderregelung der Aufgebotsbestellung: Gegen Zahlung einer Gebühr von 40 Mark entfällt die sechswöchige Wartezeit und sie können sofort heiraten. Am Freitag, den 30. Mai 1969 um 11:22 Uhr, werden sie getraut. Sie gönnen sich ein festliches Essen im Restaurant an den Landungsbrücken, trinken Kaffee in der Schiffsbegrüßungsstelle in Wedel - und am Montag geht es wieder auf Große Fahrt. Antje wartet in Hamburg auf die Rückkehr ihres See- und Ehemanns.

Bald taucht bei Fritz der Wunsch auf, ruhiger und sesshaft zu werden. Durch seine intensive Beziehung zu Borkum kennt Fritz den Seenotrettungskreuzer und den Vormann Wilhelm Eilers. Und der meint zu Fritz: „Wi brukt een", was so viel bedeutet, er solle sich doch bewerben. Fritz fährt zur Zentrale der Deutschen Gesellschaft zur Rettung Schiffbrüchiger nach Bremen, spricht dort mit dem berühmten Kapitän

John Schumacher – und wird eingestellt. Per Handschlag, und der gilt bis zur Beendigung seines Dienstes, es wurde nie ein schriftlicher Vertrag notwendig.

Am 24. April 1973 tritt Karl Friedrich „Fritz" Brückner seinen Dienst als Seenotretter auf Borkum an. Von 1975 bis Januar 1977 macht er in Diensten der DGzRS in Leer sein Kapitänspatent und wird dann 1. Vormann der Rettungsstation Borkum. Und das bleibt er bis zu seiner Pensionierung am 31. März 2001.

Grünkohl nach Borkumer Rettungsmänner Art

Kohl in Weiß, Grün oder Rot, das sind die Zutaten für viele Speisen in küstennahen Häusern, in denen es besonders im Herbst und Winter danach duftet. Schon die Kinder lernen, dass Kohl "gesundes Piratenessen" ist. Und daran ist tatsächlich viel Wahres. Vasco da Gama verlor bei seiner ersten Seereise 1497 fast 100 Männer durch die Geißel der Seefahrt: Skorbut, hervorgerufen durch Vitamin-C-Mangel auf den langen Reisen über die Weltmeere, auf denen sich die Seeleute fast ausschließlich von Hartbrot und Salzfleisch ernährten.

Im 18. Jahrhundert fanden Seeleute und Ärzte heraus, dass haltbares Sauerkraut, gewonnen aus Weißkohl, ein gutes Mittel dagegen war. Der berühmte Entdecker James Cook ließ daraufhin sich und seinen Männern Sauerkraut servieren und mit Zitronensaft herunterspülen. Die lebensrettende Bedeutung des Kohls ist längst abgelöst worden von der wohlschmeckenden. Grünkohl ist die Kohlsorte mit dem höchsten Vitamin-C-Gehalt. Üppig ist Grünkohl mit den unterschiedlichen Beilagen wie fette Kochmettwurst, Kasseler, Schweinebauch oder Pinkel.

Zutaten:

1 kg tiefgekühlter Grünkohl	100 Gramm Griebenschmalz
1 kg Kasselernacken	1 Esslöffel Senf
4 Kochmettwürste	Pfeffer
2 große Zwiebeln	Salz

Zuerst setze ich den tiefgekühlten Grünkohl mit etwas Wasser auf und lasse ihn bei niedriger Hitze langsam auftauen. Zeitgleich brate ich die kleingehackten Zwiebeln in dem Griebenschmalz an und gebe sie, wenn der Grünkohl aufgetaut ist, dazu. Das Ganze koche ich bei mäßiger Hitze eine Stunde lang, füge dann die Kochmettwürste und den Kasselernacken zu und lasse alles noch einmal 30 Minuten köcheln. Am Schluss schmecke ich mit Salz, Pfeffer und Senf ab.

KLAUS WIRD FREIWILLIGER RETTUNGSMANN

Zwei große Leidenschaften beschäftigen Klaus Wybrands schon sein ganzes Leben und beide haben mit Wasser und Meer zu tun: die Deutsche Lebens-Rettungs-Gesellschaft DLRG und die Deutsche Gesellschaft zur Rettung Schiffbrüchiger DGzRS. Seit über 40 Jahren ist er Rettungsschwimmer, viele Jahre 1. Vorsitzender der DLRG Borkum. Noch heute ist er Ausbilder, steht selbst jeden Sommer an den Borkumer Stränden und gibt seine Erfahrungen an die vielen jungen Kolleginnen und Kollegen in der rot-gelben DLRG-Kleidung weiter. Noch viel, viel länger aber gibt es seine zweite Passion: die Seenotretter. Und die beginnt schon zu der Zeit, als er – wie bei vielen Borkumern üblich – seinen Spitznamen bekommt: Klaus „Würstchen" Wybrands. Man sieht es dem schlanken und hochgewachsenen Klaus nicht an, dass er als Schuljunge vorzugsweise Würstchen aß. Direkt neben der Borkumer Grundschule führt Familie Schönhaar ein Fischgeschäft. Im Schaufenster steht immer die Riesendose mit Bockwürsten. Und die aufgeplatzten Würstchen gibt es schon für 15 Pfennige zu kaufen. Klaus kann kaum widerstehen. Das Geld, das er als Kofferträger für die Kurgäste verdient, trägt er sofort zu Schönhaar oder in die Würstchenbude von Niko Baier am Bahnhof. Und so hat er seinen Spitznamen weg. Am 15. August 1944 kommt Klaus mit Hilfe der Hebamme Jansen auf Borkum im Luftschutzkeller an der Deichstraße zur Welt. Sein Vater fällt im Krieg, er dient als Maat auf dem Kreuzer „Prinz Eugen", einem riesigen Schiff der Admiral-Hipper-Klasse. Seine Mutter arbeitet im Borkumer Lazarett und heiratet später einen Fischer aus Norderney. Auch er bleibt auf See. Diese Ereignisse und ein Schiff namens „Teeswood" begründen seine Leidenschaft und seinen Einsatz für die Seenotretter.

Es ist der 28. November 1951. In schwerem Nordweststurm strandet der englische Frachter „Teeswood", nur 1 ½ Seemeilen entfernt von der Wilhelmshöhe vor Borkum. Mit über 1000 Tonnen Schlacke beladen ist der Frachter auf dem Weg von England nach Emden. Um 18:20 Uhr erreicht der SOS-Ruf die Seenotretter auf Borkum. Der Seenotrettungskreuzer „Borkum" läuft aus und eine dramatische Rettungsaktion beginnt. Der Orkan hat inzwischen den Rumpf des Frachters in zwei Teile zerschlagen. Vormann Wilhelm Eilers und seine beiden Rettungsmänner Folkert B. Meeuw und Christoffer Müller müssen fast zwanzig Anläufe an den Havaristen fahren, um die 15 Besatzungsmitglieder zu retten. Schwere Kreuzseen werfen die „Borkum" dabei gegen das Wrack der „Teeswood". Bei einem dieser Anläufe verhakt sich das Steuerbordruderblatt des Rettungsbootes in der Ankerkette des Havaristen, die „Borkum" gerät selbst in große Schwierigkeiten. Die schwere überkommende See reißt das Ruderblatt ab und die Retter kommen frei. Das Manövrieren wird wegen der Beschädigungen immer schwerer, aber die Borkumer Rettungsmänner geben nicht auf. Dreizehn Männer der Besatzung können gerettet werden. Zwei Seeleute der „Teeswood" werden über Bord gespült und ertrinken. Für ihren Einsatz erhalten 1952 Vormann Wilhelm Eilers die goldene, die Rettungsmänner Folkert B. Meeuw und Christoffer Müller die silberne Medaille der DGzRS. Die englische Regierung bedankt sich für die Rettung ihrer Seeleute und überreicht jedem der drei Borkumer ein Präsent mit persönlicher Widmung. Vormann Eilers und Rettungsmann Meeuw erhalten das Bundesverdienstkreuz.

Rettungsboot „Borkum" im Einsatz

Ganz Borkum denkt in diesen Stunden des Orkans an die eigenen Männer draußen vor der Insel und an die Engländer in Seenot. Klaus Wybrands, gerade ein siebenjähriger Borkumer Jung, möchte hoch an den Strand und die Rettungsaktion beobachten. Doch sein Opa hält ihn besorgt zurück - zu heftig tobt der Sturm über der Nordsee. Am nächsten Morgen geht er hinauf zur „Heimlichen Liebe". Die Schornsteinspitzen des Wracks ragen aus dem Wasser - ein gespenstisches Bild. Ganz Borkum spricht von nichts anderem als der Rettungstat. Die Kinder der Grundschule besorgen sich Dosen und fangen an, Geld zu sammeln, um die 13 geretteten Seeleute versorgen zu können. Das ist für alle selbstverständlich – aber für die Jungs hat sich Vormann Eilers eine besondere Belohnung ausgedacht: Wer 50 Mark – ein Vermögen zu dieser Zeit – sammelt, darf zur Belohnung einmal mit dem Rettungskreuzer mitfahren. Klaus besorgt sich von seinem Opa eine leere Zigarrenkiste, legt dort die Papierblumen, die jeder Spender bekommt, hinein und legt los. Die letzten Herbst-Kurgäste auf der Insel werden angesprochen, an vielen Borkumer Türen klingelt er und bekommt die unglaubliche Summe von fast 100 Mark zusammen. Und dann im Frühjahr 1952 darf Klaus seine Belohnung einlösen: eine Fahrt mit dem Vormann Wilhelm Eilers auf dem Rettungsboot „Borkum" rund um die Insel. Es ist windig und es regnet. Aber das kümmert Klaus nicht – er sitzt auf dem Vorschiff und lässt sich den Nordseewind um die Nase wehen. Da wusste Klaus Wybrands, siebenjähriger Borkumer Junge, dass er irgendwann einmal Rettungsmann werden möchte. Wann immer er Zeit hat, radelt er hinaus zum Hafen und schaut „seinem" Rettungskreuzer nach. Als Bundespräsident Theodor Heuss nach Borkum kommt und den nach ihm benannten neuen Seenotrettungskreuzer im März 1957 auf Borkum in Dienst stellt, steht Klaus begeistert an der Pier.

Aber für einen heranwachsenden Borkumer Jungen sind erst einmal ganz andere Dinge wichtig. Zu Hause spricht er Platt und in der Schule paukt er – wie alle seine Schulkameraden bei Lehrerin Frau Nolting - Hochdeutsch, eine zweite Sprache. Nach der Schule beginnt er eine Lehre als Einzelhandelskaufmann bei Scherz in der Wilhelm-Bakker-Straße, einem echten „Tante-Emma-Laden", da wo die Kluntjes noch nach alter Sitte abgewogen werden. Nach Abschluss der Lehre zieht es ihn auf das Festland, er geht 1963 zum Bundesgrenzschutz und erlebt den Kalten Krieg

Rettungsboot „Borkum" am Tag nach dem Untergang der „Teeswood" (28.11.1951) am Wrack

an der deutsch-deutschen Grenze an der Elbe. Er wird nach Bonn versetzt und als Fahrer für den Bundestagspräsidenten Eugen Gerstenmaier eingesetzt, holt Mittlere Reife und das Abitur nach und beginnt eine Inspektorenausbildung beim Finanzamt Bonn. Er studiert BWL, arbeitet in Köln, Braunschweig und Münster – und kommt nach vielen Jahren endlich wieder zurück nach Borkum.

Karl Friedrich „Fritz" Brückner, inzwischen Vormann des Borkumer Seenotrettungskreuzers „Georg Breusing", erneuert zu der Zeit eine alte Tradition: die freiwilligen Rettungsmänner. Es gibt zu der Zeit auf Borkum wenige davon, der legendäre Uwe Kaja, Geerd „Ferdi" Hülsenbusch und einige wenige mehr sind es. Klaus engagiert sich seit seiner Rückkehr auf die Insel in der ehrenamtlichen Arbeit an Land: Sammelaktionen, Veranstaltungen, Werbung. 1994 geht es los. Klaus meldet sich als Freiwilliger bei Fritz, die Voraussetzung Sportbootführerschein und Funksprechzeugnis hat er, und er beherrscht die seemännischen Grundbegriffe. Fritz erwartet von seinen freiwilligen Rettungsmännern aber auch eine gewisse handwerkliche Begabung. Da muss Klaus leider passen. Ihm fällt aber ein, dass er ganz gut kochen kann, und der Vormann ist zufrieden. Denn wie wichtig Kochkünste an Bord des Seenotrettungskreuzers sind, weiß Fritz Brückner sehr genau und Klaus Wybrands wird es auch noch erfahren. An jedem Wochenende üben die Freiwilligen nun unter der Anlei-

tung des Vormanns: Tochterboot fahren und bei rauer See und bei Nebel führen, nach Plotter oder Karte navigieren, Notsituationen beherrschen. Fritz bildet seine Leute gut aus, er ist engagiert, weil er weiß, dass er sich bei Einsätzen auch auf seinen Freiwilligen ohne Einschränkung verlassen muss. Die Stammbesatzung der festangestellten Rettungsmänner braucht oft die kurzfristige Hilfe der Freiwilligen bei Krankheit oder Urlaub. Der Vormann ruft an, fragt, ob sie Zeit hätten und dann gehen sie mit raus auf See. Und dafür braucht auch Klaus eine gute Ausbildung. Er geht zum ersten Schiffssicherheitslehrgang in der zentralen Aus-

Vormann Wilhelm Eilers

bildungsstätte der DGzRS nach Neustadt / Holstein. Im Frühjahr 1996 ist es dann soweit. Klaus' erster Einsatz steht bevor. Eigentlich wollte er nur wieder zum Hafen. Dorthin, wo er als kleiner Junge immer nach der Schule geradelt ist, um das Rettungsboot anzusehen.

Er hat Waveltjes gebacken für seine neuen Kollegen an Bord, dieses leckere und knusprige hauchdünne Borkumer Gebäck, das eigentlich zwischen Weihnachten und Neujahr gebacken wird. Aber es ist so gut, dass die Männer der „Alfried Krupp" es immer gerne zum Tee essen. Es ist nicht nur der Duft der Waveltjes, der zu Klaus' erstem Einsatz führt. Kurzfristig ist auch noch ein Rettungsmann ausgefallen und schon ist aus Klaus Wybrands der Rettungsmann Wybrands geworden.

Borkumer Waveltjes

1 Kilo Kluntjes, das sind die großen Kandisstücke, löse ich in Wasser auf. 1 Kilo Mehl, 2 Eier, eine Tüte Kardamom, 2 Teelöffel Anis und vier Tüten Vanillezucker vermische ich damit. Die Masse lasse ich dann eine Nacht im Kühlschrank reifen. Sollte der Teig zu dickflüssig sein, verdünne ich ihn mit etwas Wasser. Mit einem Esslöffel gebe ich die Masse auf das Waffeleisen und lasse es eine Minute backen: Heraus kommt ein hauchdünner knackiger Genuss.

Echter Ostfriesentee

Der Kessel kommt auf die Herdplatte und ich warte, bis das Wasser siedend heiß ist. Vorher habe ich mit heißem Wasser die Teekanne vorgewärmt und drei Teelöffel Ostfriesentee hineingegeben. Die halbe Menge des kochenden Wassers gieße ich auf die Teeblätter und lasse es eine Minute ziehen. Danach gieße ich die andere Hälfte kochenden Wassers auf und lasse es weitere zwei Minuten ziehen. Die kleinen Tassen, der Kandis (Kluntjes) und die Sahne stehen schon auf dem Tisch. Die Teekanne wird auf das Stövchen mit einem brennenden Teelicht gestellt, damit der Tee nicht kalt wird. In jede Tasse kommt zuerst ein Kluntje und darauf wird der heiße Tee eingeschenkt ; der Kandis knackt ganz wohlig. Dann kommt ein kleiner Schuss Sahne in den Tee und es bilden sich kleine "Wolkjes" in dem goldgelben Tee. Der Tee darf auf keinen Fall umgerührt werden, denn nur so schmeckt jeder einzelne Schluck anders: am Anfang leicht bitter, am Ende schön süß.

Drei Tassen sind "Ostfriesenrecht". Wenn jemand keinen Tee mehr möchte, stellt er den beigelegten kleinen Teelöffel in die Tasse und es wird nicht mehr nachgeschüttet.

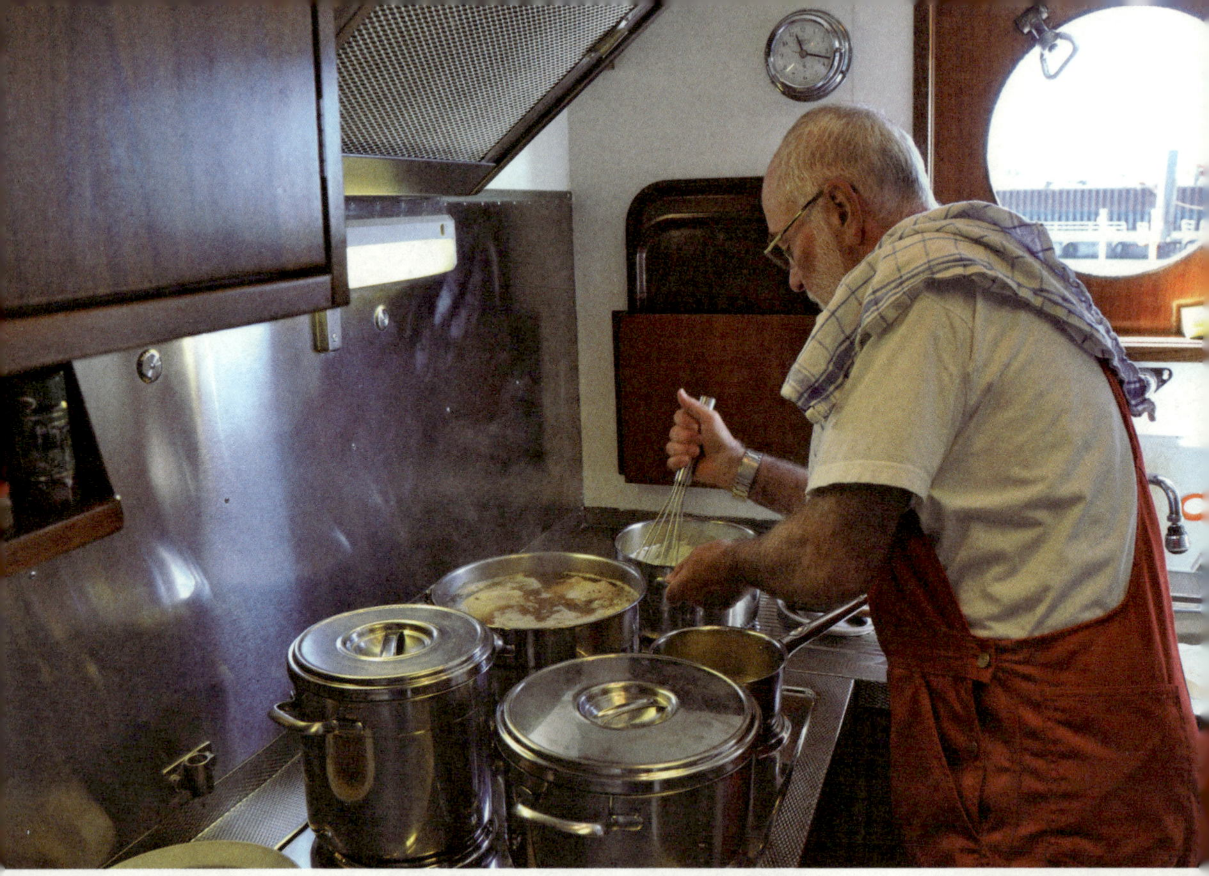

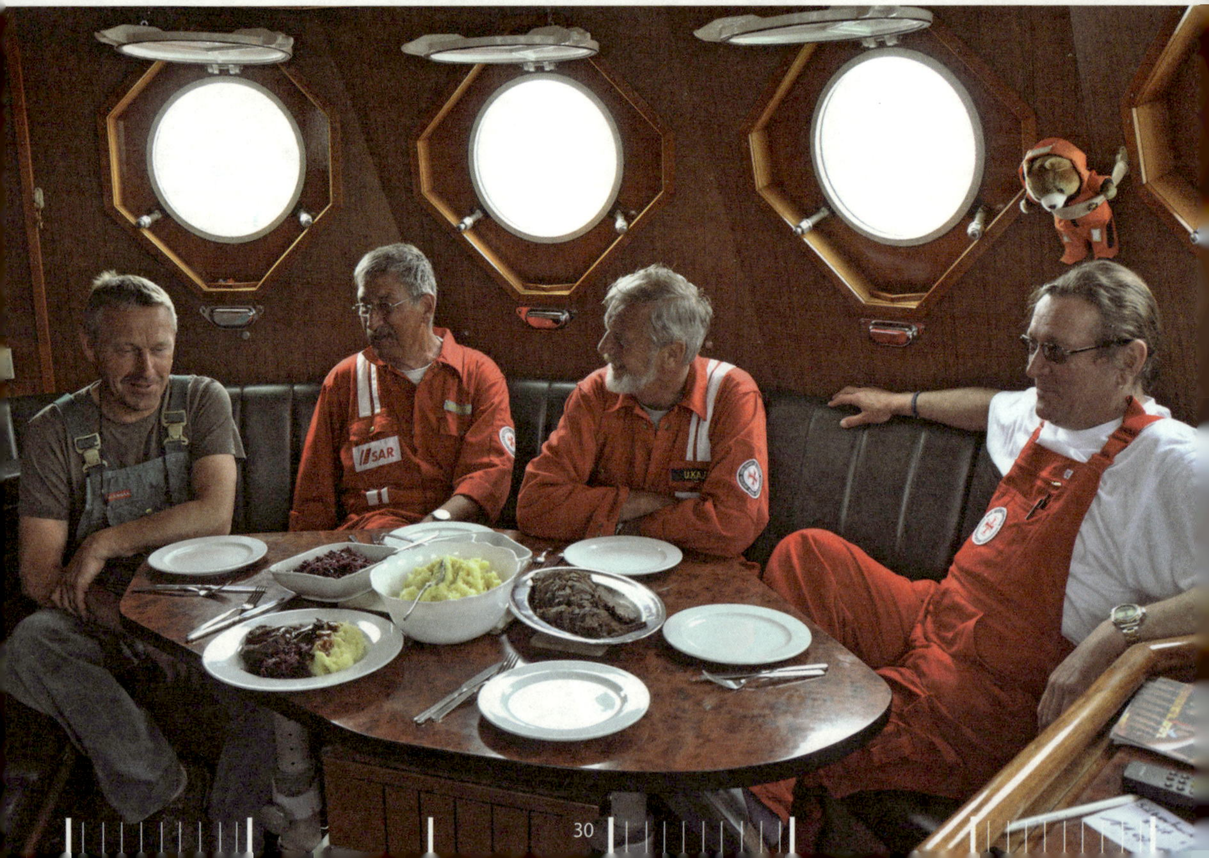
SAR

DIE KOCHENDEN SEENOTRETTER

Wie so oft entschließt sich der freiwillige Rettungsmann Klaus, seine Kollegen auf der „Alfried" zum Tee zu besuchen. Es ist früher Nachmittag, ein herrlicher Tag auf der Insel, um mit dem Rad zum Hafen zu fahren. Schon von Weitem sieht er die „Alfried Krupp" langsam in den Schutzhafen einlaufen – im Schlepp einen Fischkutter. Voll beladen mit den herrlichen Schätzen der Nordsee, ist der Fischer auf eine Sandbank aufgelaufen. Die Seenotretter laufen sofort aus, nehmen den Kutter auf den Haken, ziehen ihn in tiefes Wasser und sicher in den Borkumer Schutzhafen an Pier 2. Der Kapitän des Kutters ist ein großzügiger Mann, der sich bei seinen Rettern mit einem Eimer, gefüllt mit frisch gekochtem Granat und noch einer Kiste, gefüllt mit Schollen, Steinbutt und Seezungen bedankt. Leider verletzt sich bei diesem Einsatz einer der Rettungsmänner am Arm und fällt für einige Tage aus. Vormann Brückner ist erfreut, als er Klaus Wybrands an der Pier sieht und fragt ihn, ob er für den verletzten Kollegen einspringen könne. Klar kann er! Für solche Situationen sind sie da, die freiwilligen Rettungsmänner. Klaus streift sich den roten Overall der DGzRS über und sein Dienst beginnt.

Ruhe ist eingekehrt auf der „Alfried Krupp". Die Männer sitzen zusammen und freuen sich über die Fischgeschenke des Kutterkapitäns. Kochen und Essen ist immer ein beliebtes Thema an Bord, denn das Essen hält die Besatzung bei Laune. Auf großen Frachtschiffen ist deshalb nach dem Kapitän der Smutje - wie die Schiffsköche traditionell genannt werden - wichtigster Mann an Bord. Für das leibliche Wohl in der „schwimmenden Männer-WG" jedoch sind die Männer selbst verantwortlich. Es gibt keinen festen Smut und natürlich auch keinen Steward. Jeder ist im Wechsel an der Reihe zu kochen, jeder hat seine Spezialitäten und seine Leib- und Magenspeise. Jeweils ununterbrochen 14 Tage leben die Rettungsmänner an Bord, immer im Wechsel zwischen aufregenden Einsätzen und Wartezeiten. Da ist das Essen alleine schon für das Klima zwischen den Kameraden sehr wichtig. Vormann Fritz Brückner und der freiwillige Rettungsmann Klaus Wybrands sind in ihrem Element. Beide eint ihre große Vorliebe für das Kochen. Und da entstehen schon des Öfteren Männergespräche der ganz anderen Art.

Klaus: „So richtiges Seemannsessen, so wie Curryreis nach Seemannsart. Das ist schon eine besondere Sache."
Fritz: „Curryreis nach Seemannsart. Dazu Kokosflocken, Ölsardinen, Thunfisch,

gehackte Eier, gehackte Zwiebeln, gehackte Gurken, Mango Chutney. Alle Beilagen werden dann in kleinen Schälchen verteilt auf den Tisch gestellt. Jeder nimmt sich auf seinen tiefen Teller, was er davon möchte. Huhn, Rind, Schwein, Fisch gibt es. Je nachdem, ob man indisches, indonesisches oder Madras-Curry nimmt, hängt davon ab, wie scharf man es gerne hätte. Und man kann natürlich auch ganz feinen Fisch nehmen – Seezunge wäre ein bisschen übertrieben, aber fest muss er sein und nicht zerfasern."

Klaus: „Wolfsbarsch, der schwimmt ja im Moment auch bei uns auf Borkum vor den Buhnen herum."

Fritz: „Ja, der schmeckt sehr fein. Gewürzt wird mit Curry, man kann sogar Rosinen dazu nehmen."

Klaus: „Und Backpflaumen."

Fritz: „Oder Ananas, um den Geschmack ein wenig aufzuhellen."

Die beiden Männer schwelgen und die Kollegen hören zu. Aber wie soll man diese komplizierten Gerichte an Bord kochen? Raum- und Geräteknappheit in der Backschaft verlangen von den Köchen ein hohes Maß an Unbekümmertheit, sich an komplizierte Zubereitungen zu wagen. Gute Köche auf einem Seenotrettungskreuzer zeichnen Gewöhnungsbereitschaft an zwei Quadratmeter Fläche zum Stehen, Gehen und Arbeiten, die Beherrschung des Alleskönners Drucktopf und die Fähigkeit zu Improvisation aus. Fritz und Klaus können das alles. Auch eines der traditionellsten Gerichte der Seefahrt: Labskaus.

Labskaus á la Klaus Wybrands

Das Rezept für Labskaus stammt direkt aus den Kombüsen der ehemaligen Großsegler. Wenn der Smut den großen Topf mit dem Labskaus auf die Back stellt und den rötlich-gräulichen Brei auf die Teller bringt, dann sieht das auf den ersten Blick nicht wirklich appetitlich aus. "Kann man das essen?", hört man manche Landratte fragen. Man kann! Als die Schiffsärzte auf den Großseglern noch gegen Skorbut kämpften, machten sie eine interessante Entdeckung. Nicht nur Kohl, sondern auch frische Kräuter und Kartoffeln sind gut gegen die Vitamin-C-Mangelkrankheit. Außerdem gab es Zeiten auf See, in denen Fleisch niemals umkommen durfte - alles wurde verwertet. Und so wurde Labskaus, der Brei aus Kartoffeln, Zwiebel, Pökelfleisch und Speck zur Seemannskost. Englische Seeleute gaben dem Gericht seinen Namen: "Lobscouse" bedeutet soviel wie "Speise für derbe Männer".

Diese Menge habe ich für die große Anzahl 20 hungriger Seeleute bestimmt. Labskaus kann aber auch in jeder kleineren Menge zubereitet werden.

Ich brate 5 kg mageres falsches Filet vom Rind (Schulter) bei großer Hitze kräftig an, damit es innen schön saftig bleibt. Dann wird das Stück in einem Dampfdrucktopf mit ca. 1,5 Ltr. Brühe ca. 2 Stunden butterweich gekocht. Nach Abkühlung drehe ich das Fleisch durch die grobe Scheibe eines Fleischwolfs. Ca. 3 kg Zwiebeln ganz fein gewürfelt werden dann in einem großen Topf mit einem halben Pfund Butter goldbraun gebraten und der Fleischmasse dazugegeben. In der Zwischenzeit habe ich 6 kg Kartoffeln gekocht, mit einem halben Liter Sahne und einem Pfund Butter vermischt und zu Kartoffelbrei gestampft. Die Fleischmasse wird unter den Kartoffelbrei gezogen. Fertig ist eines der ältesten Seemannsgerichte.

Es ist zu empfehlen, die Beilagen in extra Schalen zu reichen und nicht direkt mit in den Labskaus zu geben. So kann sich jeder die Beilagen aussuchen, die er besonders mag. Zum Labskaus gehören traditionell: Spiegelei, Rote Bete, saure Gurken und süß-sauer eingelegte Heringsfilets.

28 Jahre hat Fritz Brückner zu Weihnachten an Bord gekocht – an diesen Tagen auch sehr komplizierte Gerichte. Sein Ehrgeiz war es, für die Jungs an Bord zu Weihnachten immer etwas Besonderes auf den Tisch zu bringen.

"Ente in der Ente"

"Ente in der Ente" ist eines dieser ganz besonderen Weihnachtsessen. Das Brustfilet wird einer Ente entnommen und einen Tag in Cognac eingelegt. Man löst das Fleisch von den Knochen und stellt daraus eine Farce, eine pürierte Masse als Füllung, her. Einer zweiten Ente wird dann das Gerippe entnommen, sodass nur noch die Hülle übrig ist. Diese Hülle wird mit der Farce gefüllt. Dann werden die beiden in Cognac marinierten Brustfilets in die Farce eingeschoben und im Backofen gebacken. In Stücken lässt sich dieser Braten wunderbar schneiden, da er keinen Knochen mehr hat: außen die Brust, dann die Farce und ganz innen die Brustfilets. Ein echtes Weihnachtsessen, zubereitet an Bord eines Seenotrettungskreuzers in einer Kombüse von zwei Quadratmeter Größe.

Aber auch bei den Seenotrettern duftet es manchmal orientalisch. Viele Jahre hat Friedrich Brückner als Seemann auch orientalische Häfen angelaufen. Er befuhr die Region des Maghreb in den 1960ern mit den Schiffen der DEUTSCHE LEVANTE LINIE und der OPDR (Oldenburg-Portugiesische-Dampfschifffahrts-Reederei). Hauptladung für die Länder Marokko, Algerien und Tunesien sind Maschinen, Stahl, Anlagen, Nahrungsmittel und Mehl. Auf der Rückfahrt transportieren seine Schiffe das Aluminium-Erz Bauxit, Kork, Orangen, Sardinen in Dosen und getrocknete Früchte. In den nordafrikanischen Hafenstädten werden die Kapitäne und Offiziere oft von den Stauereien zum Essen eingeladen. Dort lernt Fritz die besonderen Düfte und die speziellen Gewürze dieser Küchen kennen.

Die europäischen Gaumen sind es nicht gewohnt, Fleisch zu essen, das mit Koriander, Nelken oder Zimt gewürzt ist. Fritz genießt es, auf seinen Reisen alle diese Köstlichkeiten kennenzulernen und zuzubereiten. Und dazu gehört für Vormann Fritz sein Maghrebinischer Schmortopf.

Maghrebinischer Schmortopf   4 große Portionen

1.5 kg Rindergulasch, grob geschnitten (man kann auch schieres Suppenfleisch nehmen, das ist preiswerter und entspricht eher dem Fleisch, das in den Herkunftsländern gegessen wird. Zum Garen nutzt man dann aber den Drucktopf!

Butter oder Öl zum Anbraten (oder Gemisch aus beidem, reine Butter verbrennt leicht und macht das Gericht bitter)

0,2 ltr. Rotwein, eventuell etwas Wasser zum Auffüllen

2-3 Zwiebeln, grob gehackt

ca. 200 gr. Möhren, nach Belieben zerkleinert

2 Dosen Tomaten in Stücken (zusammen ca. 0,9 bis 1 Ltr.)

getrocknete Feigen, in Stücke geschnitten (wer die kleinen Kerne in den Feigen nicht mag, nimmt entkernte getrocknete Datteln)

Zum Würzen: Nelken, Muskat, Koriander (gemahlen), eine Zimtstange (man kann entscheiden, wie stark das Gericht gewürzt wird, indem man die Stange entfernt), Kardamom, schwarzer Pfeffer aus der Mühle. Alle Gewürze sollten anfangs recht sparsam verwendet werden, damit sich der europäische Gaumen daran gewöhnen kann! Zum Abschmecken am Schluss: Meersalz, Rosenpaprika (scharf), Zucker

Beilagen:
Reis, Hirse, Dinkel, Nudeln, Klöße oder Kartoffeln, je nach Belieben

Zubereitung:
Ich trockne das Fleisch zuerst ab und brate es in kleinen Portionen scharf an. (Suppenfleisch vorher nach Belieben putzen, im Drucktopf bereitet, werden selbst grobe Teile gar. In den Ländern des Maghreb geht man nicht so verschwenderisch mit Lebensmitteln um).

Bei der letzten Fleischportion lasse ich Zwiebeln und Möhren zum Schluss kurz mit gehen, bräune sie jedoch nicht zu stark.

Das gesamte Fleisch gebe ich in den Bratentopf, lösche es mit Rotwein ab, füge Dosentomaten zu, lasse es zugedeckt ca. 2 Stunden schmoren, rühre es ab und zu um und fülle es bei Bedarf mit etwas Wasser auf. (Im Drucktopf Fleisch, Zwiebeln und Möhren etwa 15 bis 20 Minuten unter Druck halten, abhängig vom verwendeten Fleisch, dann vom Herd nehmen, Druck ablassen und weiter wie nach 1,5 Stunden im Schmortopf).

Nach ungefähr 1,5 Stunden gebe ich Gewürze zu und lasse es leise weiterschmurgeln. Immer mal wieder umrühren, Konsistenz prüfen (eventuell Wasser zufügen, damit nichts anhängt), abschmecken, um sich der entsprechenden Würzung anzunähern. 20 Minuten vor Ende füge ich die gestückelten Datteln (Feigen) zu, wobei sie nicht zu Marmelade verkochen sollten.

Nun prüfe ich die Konsistenz der Fleischstücke. Sie sollten nicht zerfallen, daher sollte man nicht sklavisch an den angegebenen Kochzeiten festhalten, sondern nach eigener Vorstellung das Gericht in der Zeit variieren.

Zum Abschluss schmecke ich das Gericht mit Paprikapulver, Meersalz und Zucker leicht scharf ab. Statt Paprikapulver kann man auch eine kleine Chilischote eine Zeit lang mitköcheln. Dabei aber immer wieder prüfen, wann die gewünschte Schärfe erreicht ist.

Dieses leckere Gericht serviere ich nun mit den gewünschten Beilagen und wünsche guten Appetit!

SENIOR AUF LÜTJE HÖRN

Die Sonne geht auf an diesem Frühsommertag 1974. Die ganze Nacht schon bläst ein heftiger Nord-Ost-Wind über die Insel. Vormann Wilhelm Eilers hat Wache auf der „Georg Breusing". Sie sind nur zu Dritt an Bord, als der Notruf eingeht: Vormann Wilhelm Eilers, 2. Vormann Gerd Feeken und Maschinist Willi Stutzke. Fritz hat Freiwache und ist in Bereitschaft zu Hause, als ihn der Telefonanruf seines Vormanns erreicht. „Wir müssen raus, eine amerikanische Segelyacht treibt mit Mastbruch in der Nähe vom Feuerschiff „Borkumriff" in der offenen See." Zehn Minuten später ist der junge Rettungsmann Fritz Brückner an Bord und die Breusing nimmt Kurs auf die Position des Seglers. Trotz des unangenehmen Wetters haben sie die Yacht schnell am Haken und manövrieren sie sicher in den Borkumer Schutzhafen. Sie haben noch nicht wieder an Pier 2 festgemacht, als Hafenmeister Heinz Hedden die Seenotretter über UKW-Funk anruft. Die Wache vom Marinestützpunkt an der Reede hat eine rote Signalrakete bemerkt: Richtung Osterems. Die Sicht ist gut, jedoch der Nord-Ost-Wind bläst immer noch mit 6 bis 7, in Böen 8. Vormann Eilers´ Kommando ist klar: „Wir gehen übers Watt." Die „Georg Breusing" hat einen Tiefgang von ca. 1,80 m und Wasser ist noch genug da, um südöstlich der Insel bis zur Osterems durch das Watt fahren zu können.

GEORG BREUSING   Auf Vordeck: Hinrich Nortmann.
Im Turm: Wilhelm Eilers, links, weiße Mütze und Gerd Feeken, rechts, schwarze Mütze

Die drei Männer stehen auf der Brücke und ihre Ferngläser suchen systematisch die nähere und fernere Umgebung ab – nichts ist zu sehen. Auch Kutterkapitäne, die in der Nähe fischen, haben nichts Auffälliges entdeckt. Wilhelm Eilers entscheidet, den Rückweg anzutreten. Bei der Einfahrt ins Hoge Hörn, an der Ostseite Borkums, entdeckt Rettungsmann Gerd Feeken etwas: „Da, wat is dat dann?", ruft er laut seinen Kollegen Wilhelm Eilers und Fitz Brückner zu.   Auf Lütje Hörn, zu der Zeit noch eine ansehnliche kleine „Insel" mit bis zu vier Meter hohen Dünen, liegt eine Segelyacht mit „Tarnbemalung-weiß" mit kleinen blauen Streifen - in der Brandung.

Die Männer wissen, was zu tun ist. Fritz und Gerd nähern sich mit dem Tochterboot „Engelke" dem Gestrandeten. Die Brandung ist durch den starken Wind sehr heftig und das Boot setzt immer wieder auf dem harten Sandboden auf. Aber sie kommen näher und erkennen einen kleinen, älteren Mann in der Plicht der auf der Seite liegenden Yacht sitzen. Gekonnt wirft Fritz die Wurfleine hinüber, der Segler befestigt sie an seinem Boot – und verschwindet unter Deck. Die Rettungsmänner sehen sich an und sind nun sehr gespannt, was der Segler tun wird. Und er kommt zurück aus der Kajüte, einen Arm nach oben gestreckt, den anderen eingezwängt in einen viel zu kleinen Rettungsring, den er sich um den Hals gelegt hat. Eilig löst er die Verbindungsleine zur „Engelke" von seinem Boot, presst den Wurfleinenknoten mit beiden Händen fest vor die Brust und springt über Bord, ins seichte Wasser am Strand von

Bernhard Runde, Friedrich Fresemann, Fritz Brückner, Hinrich Klattenberg, Theo Fischer, Rolf Nowack, Uwe Kaja

Lütje Hörn. Da liegt er nun, der Schiffbrüchige. Wenn das Ganze nicht ernst wäre, könnten die beiden Rettungsmänner über den Anblick lachen. Aber sie lachen nicht, sondern ziehen ihn vorsichtig an das Tochterboot heran. Dabei ist tatsächlich äußerste Vorsicht geboten. Die „Engelke" bewegt ein Gewicht von vier Tonnen und hat zwei Kimmkiele. Wenn die Beine des Geretteten darunter kämen und der Kiel dann auf den flachen Sandboden aufschlüge, wären die Folgen für den Segler äußerst unangenehm. Fritz an der Rettungsleine und Gerd am Fahrstand achten sorgfältig darauf und ziehen den Schiffbrüchigen gemeinsam an Bord. Da sitzt er nun in seinem viel zu kleinen Kinderspielzeug-Rettungsring, schaut nur aus großen verängstigten Augen seine Retter an und spricht kein Wort. Doch noch ist die Gefahr nicht vorbei. Fritz schüttelt den Mann an der Schulter, sie müssten wissen, ob noch weitere Personen an Bord des Segelbootes seien. Der Mann ist zu keiner Antwort fähig, es reicht nur zu einem leichten Kopfschütteln. Es wird unangenehmer, das Tochterboot schlägt weiter auf den Sand und Gerd steuert zurück zum vor Anker liegenden Seenotrettungskreuzer „Georg Breusing". Dort werden sie auch bleiben, auf das nächste Hochwasser warten, um die Segelyacht zu bergen. Trockene Kleidung und heißer Tee beenden dann endlich das Schweigen des Mannes und er beginnt zu erzählen.

72 Jahre ist er alt, kommt aus dem Emsland und arbeitet bis zu seiner Pensionierung als Ingenieur. Schon als junger Mann ist es sein Wunsch, zur See zu fahren, seine Sehstärke reicht allerdings nicht aus, die Tauglichkeitsprüfung zu bestehen. Also gründet er seine eigene Firma, leitet sie erfolgreich sein Leben lang, verkauft sie im Alter und kauft sich ein Boot an der Elbe. Der Traum von der Seefahrt soll nun endlich wahr werden. Mit zwei von ihm für die Überführung angeheuerten Studenten klappt es nur bis Cuxhaven. Jung und Alt passen wohl nicht zusammen, es kommt zur „Meuterei", und die beiden jungen Überführungssegler gehen in Unfrieden von Bord. Doch der kleine alte Mann ist zornig, er will den Rest der Reise alleine bewältigen. Für sein Missgeschick hat er auch schnell einen Schuldigen ausgemacht. „Dieser Fischer ist schuld", erzählt er sich wütend in Rage. Auf der Höhe von Juist habe er ihn gefragt, wo denn Emden sei. Der Kutterkapitän habe seine Hand gehoben und ihm auch die richtige Himmelsrichtung gezeigt. Unerfahren, aber mutig schlägt der ehemalige Ingenieur diese Richtung ein – und strandet. „Da lag dann diese dusselige Insel im Weg", hat er gleich den zweiten Schuldigen an seinem Malheur gefunden.

Doch was ein echter „Seemann" ist, wisse er sich doch zu helfen. Schließlich hätte er an Bord ja immerhin zwei Notraketen. Zwar hat er noch nie eine benutzt, aber schließlich sei er ja Ingenieur. Er nimmt die erste aus dem Schapp und wundert sich über das Bändchen, das aus der Rakete ragt. Das müsse dann wohl die Zündschnur sein, an die er auch gleich sein Feuerzeug hält. Nichts passiert. Um das Problem zu lösen, geht er unter Deck, damit er dort die „Zündschnur" verlängert. Was er nicht weiß, ist, dass man den Typ seiner Notraketen durch das Ziehen der Fäden zündet. Dann zieht er daran – aber er ist unter Deck. Die Rakete rast los, zieht wie eine

Schnur durch die Kajüte über den Kartentisch, trifft den Gläserschrank, zerbricht zwei Cognacschwenker, knallt gegen die Wand, wechselt rasant die Richtung, zieht haarscharf an seinem Kopf vorbei nach draußen, verliert ihre Kraft in flachem Flug über das Wasser und verglüht. Passiert ist dem Mann nichts und immerhin weiß er nun, wie eine Notrakete funktioniert. Der zweite Versuch klappt und der Posten am Marinestützpunkt auf Borkum sieht den roten Schein, alarmiert Hafenmeister Hedden und die Retter machen sich auf den Weg.

Die Tide wechselt, das Wasser läuft auf und die „Georg Breusing" nimmt die Segelyacht auf den Haken in Richtung Schutzhafen Borkum. Zwei Tage noch bleibt der Gerettete an der Pier liegen, trocknet alles und macht sein Boot zur Weiterfahrt klar. Fritz hat inzwischen seine Wache angetreten. Der Abschied von seinen Rettern ist freundlich. Dennoch wird Wilhelm Eilers, Fritz Brückner und Gerd Feeken schnell klar, dass der seefahrende Ingenieur aus dem Emsland nicht von den schwersten Ahnungen geplagt war. Wie er denn nun in die Ems nach Emden käme, will er wissen. Und was denn diese Gebäude seien, und zeigt auf eine Baustelle in der Nähe von Eemshaven. „Das ist die niederländische Küste vor der Bucht von Watum", erklärt Fritz Brückner geduldig. „Kann ich da direkt hin?", will der Segler nun wissen. „Ja", ergänzt Fritz, „aber nur, wenn Sie Räder unter dem Schiff haben." Verständnislos blickend verlässt der Skipper Borkum. Er entscheidet sich doch für den Weg durch die roten und grünen Tonnen. Zum Glück!

Die Seenotretter genießen ihr friesisches Pökelfleisch, die traditionelle Seemannskost der großen Segelschiffe. Noch lange sprechen sie während des Essens über diesen Einsatz. Sie wundern sich immer wieder, wie schlecht vorbereitet und mangelhaft ausgerüstet manche Sportbootfahrer auf ihre Törns gehen. Dass sie dabei sich selbst und die Seenotretter in vermeidbare Gefahr bringen, werden einige nie wirklich verstehen. Aber auch in der Sportschifffahrt lernt man dazu, denn durch die Arbeit der Wassersportclubs verbessert sich der Kenntnisstand der Freizeitskipper.

Windjammers friesisches Pökelfleisch

Bis zur Konstruktion effektiver Kühlanlagen im letzten Viertel des 19. Jahrhunderts durch Carl von Linde kannte man zur Konservierung von Lebensmitteln das Trocknen (Trockenobst, Trockengemüse Trockenfleisch, z.B. "Pemikan"), Sauer legen (Sauerkraut) und seit Anfang dieses Jahrhunderts die Konservendose. Jahrtausende aber war das Einsalzen die Wahl der Konservierung. So sind Generationen von Seeleuten mit Salzfleisch um die Welt gesegelt und mehr oder minder gesund wieder nach Hause gekommen. Sie sind jedenfalls nicht verhungert.

Heute schätzt man Salzfleisch wieder als Delikatesse, jedenfalls so, wie ich es zubereite.

Zutaten:

1 kg Salzfleisch vom Rind (z. B. Tafelspitz)
1 kg   "   " Schwein (vorzugsweise ausgelöster Nacken)
Für das Kochwasser: 2 große Zwiebeln (geviertelt), 5-6 Nelken, 2-3 Lorbeerblätter,
10 Wacholderbeeren, 10 Pfefferkörner. (Wer es mag, gibt noch Senfkörner oder
2-3 Körner vom Koriander dazu).
Diese Zutaten in reichlich Wasser (das Fleisch sollte nach dem Einlegen gut bedeckt
sein) aufkochen, das Rindfleisch einlegen und die Hitze zurückfahren, sodass das
Wasser eben vor sich hin simmert. Es sollte sich kein großblasiger Eiweißschaum auf
dem Wasser bilden! Etwa austretendes Eiweiß abschöpfen. Nach ungefähr einer halben
bis Dreiviertelstunde (je nach gewähltem Stück) kommt das Schweinefleisch dazu
und alles wird eine weitere Stunde zusammen gegart. (Mit Schaschlikspieß Konsistenz
prüfen)

Beilagen:

Grüne Bohnen mit Speckjes
Dazu nehme ich geräucherten, durchwachsenen Speck, schneide ihn in feine Würfel und
brate ihn an. Dann schneide ich eine oder zwei große Zwiebeln in relativ grobe Stücke
und gebe sie zum Speck. Alles noch etwas weiter anschwitzen (nicht verbrennen!).
Nutze nehme ich gefrostete Bohnen, schwitze sie leicht mit an, gebe sehr sparsam
Wasser dazu und gare mit geringer Hitze (praktisch nur ziehen lassen). Bei Verwendung von Dosenbohnen, diese mit etwas Bohnenwasser (2-3 Esslöffel) in den Topf zu
dem Speck-/Zwiebelgemenge geben und nur unterheben und erwärmen. Vorsicht! Nicht
zuviel rühren. Dosenbohnen werden dann eher zu Bohnenmus. Mit Bohnenkraut würzen.
Salz ist für gewöhnlich nicht nötig, da der Speck gesalzen ist.

Als weitere Beilagen gibt es bei uns Rote Bete, Kürbis, Senf- und saure Gurken,
Salzkartoffeln mit brauner Butter und Sahnemeerrettich-Soße.

DER TEUFEL HAT DEN SCHNAPS GEMACHT

1.Mai auf Borkum. Herrliches Frühlingswetter, wenig Wind und die Sonne wärmt schon wohlig die Haut. Alles ist auf den Beinen, diesen freien Tag zu genießen. Und wie heißt es so schön: „Eine Seefahrt, die ist lustig, eine Seefahrt, die ist schön. Ja, da kann man manche Leute an der Reling…" Am Anleger in Emden drängen sich die Menschen, die auf die Nordsee wollen. Schnell füllen sich die Sitzbänke auf dem Außendeck mit den Sonnenhungrigen. Die Stimmung ist gut und unter Deck an den Tischen sammeln sich die trinkfreudigen Gäste. Es ist noch früher Vormittag, aber die ersten frisch gezapften Biere finden schon ihre Abnehmer. Eine Männergesellschaft hat es sich unter Deck bequem gemacht. Sie wollen heute mal so richtig auf den Putz hauen. Klar, dass dazu ordentlich viel Bier gehört. Das Ausflugsschiff liegt ruhig im Fahrwasser der Ems, querab an Steuerbord geht es vorbei am Süd- und am Nordstrand der Insel. Die „Schlagzahl" im Verzehr der Biere nimmt zu und bald kommt der Wunsch nach härteren Getränken. Man sei ja schließlich nicht zum Spaß hier, ruft einer der sechs Männer laut in die Runde und erntet dröhnenden Applaus bei seinen Kumpanen. Also Schnaps muss auf den Tisch. Der Wortführer füllt zügig sechs kleine Schnapsgläschen aus der Aquavitflasche – „nicht lange schnacken - Kopf in´ Nacken", heißt es und dass man auf einem Bein nicht stehen könne. Nach einer Stunde, weiteren Runden Bier und bei Bestellung der zweiten Flasche Malteser schaut die Kassiererin am Buffet schon etwas sorgenvoller. „Wenn das mal gut geht", denkt sie sich. Und sie soll recht behalten. Plötzlich wird der Ton aggressiver. Zwei der Trunkenbolde geraten sich heftig in die Haare. Worum es eigentlich ging, wissen später beide nicht mehr. Aber das Unheil nimmt seinen Lauf. Einer der beiden Streithähne hebt seine Hand und will mit voller Kraft auf die Tischplatte schlagen – er meint sicherlich, seine Argumente im Streit werden damit schlagkräftiger. Was er allerdings nicht sieht, ist das Malteserglas vor ihm. Mit voller Wucht schlägt er darauf, der obere Glasteil zersplittert und der Stiel des Glases durchbohrt seine Hand. Blut spritzt, der Mann brüllt vor Schmerz und die Kassiererin am Getränkebuffet informiert den Kapitän des Ausflugsschiffes. Der erkennt sehr schnell, dass hier mehr zu tun ist als Erste Hilfe und ruft den Seenotrettungskreuzer. 2.Vormann Gerd Feeken informiert seine Kollegen über den Vorfall auf dem „Sööpkedampfer" und ist nach 30 Minuten schneller Fahrt längsseits des Schiffes. Die Übernahme des Verletzten direkt auf die „Georg Breusing" ist schwierig und der Vormann schickt Rettungsmann Fritz Brückner und einen Kollegen mit dem Tochterboot „Engelke" hinüber. Durch die Helgolandpforte des Ausflugsschiffes bergen sie den Verletzten ab. Fritz nimmt den ziemlich betrunkenen Mann, dreht sich mit dem Rücken zum Dampfer und will ihn nach achtern in die Plicht geleiten. Genau in diesem Moment stürmt sein „Saufkumpan" und Streitkontrahent laut schimpfend an die noch offene Pforte, stößt die Seeleute des Ausflugsdampfers zur Seite und springt mit einem großen Satz hinunter auf die „Engelke". Er knallt mit seinem ganzen Körpergewicht auf Fritz′ Rücken und krallt sich an ihm fest. Durch die Wucht des Aufpralls krängt das Tochterboot zur Seite und schiebt sich unter die Scherleiste des Schiffes. Fritz gerät mit beiden Beinen unter die breite Scheuerleiste des Dampfers. Seine Wadenbeine und Schienbeine zerbrechen mit hörbarem Krachen. Das Tochterboot bewegt sich im Seegang und Fritz gelingt es, seine Beine unter der Scheuerleiste wegzuziehen. Noch immer hält er den Verletzten fest und robbt mit ihm in die Plicht. Der Trunkenbold folgt, hat aber noch gar nicht mitbekommen, was passiert ist. Fritz bindet seine Beine unter dem Verdeck fest und hält die Hand des Verletzten hoch, um die Blutung zu vermindern. Das Tochterboot wird eingeholt und der Borkumer Notarzt verständigt.

Die Rettungsmänner entscheiden sich nach diesem aufregenden Einsatz für ein kräftiges Essen: Sauerbraten Salzwiesen. Fritz Brückner ist in dem Moment nicht dabei – nach der ersten Notfallversorgung durch Dr. Hans Zühlke wird er in die Klinik gebracht. Nach vier Monaten „Zwangspause" kann Fritz wieder beschwerdefrei laufen. Dieser Vorfall führt später dazu, dass das Problem der Scheuerleiste entschärft wurde. Durch die Anbringung sogenannter Abweiser bei den nach Borkum verkehrenden Ausflugsschiffen und Fähren kann sich in ähnlichen Notfällen niemand mehr einklemmen.

Sauerbraten Salzwiesen

Das Fleisch der Rinderschulter eignet sich auch hervorragend für die Zubereitung des Sauerbratens. Ein großes 2 bis 3 Kg schweres Stück wird von der "Kette", den Sehnen und der Haut, befreit. Das Fleisch teile ich in zwei Stücke und lege es in einen Sud aus Essigwasser und Sauerbratengewürz ein. Nach drei Tagen wird es aus dem Sud genommen, unter laufendem kalten Wasser abgespült und mit Küchenkrepp abgetupft. Danach wird das Fleisch in Butterschmalz kräftig angebraten, bis es rundherum schön braun ist.

Der Sud wird durchgesiebt, ich gebe die flüssige Rinderbrühe dazu und übergieße damit das Fleisch. Im Dampfdrucktopf wird es gut aufgekocht und danach im geschlossenen Topf unter Druck eine Stunde lang gekocht.

Nach einer Stunde nehme ich das Fleisch aus dem Topf und stelle es kalt. Mit einem halben Honigkuchen dicke ich den Sud an. Auf einer Platte wird das Fleisch in dünne Scheiben geschnitten, angerichtet und mit der heißen Sauce übergossen. Zum Sauerbraten passen sehr gut Rotkohl und Semmelknödel.

Wenn bei der kleinen Yacht der Motor ausfiele, geriete sie schnell auf die Sandbänke vor Rottumeroog und Rottumerplaat. Sicher laufen beide hintereinander
an der Ansteuerungstonne Westerems vorbei und nehmen Kurs hinein in die
Westerems. Im Süden liegen die Sandbänke des Hubertgat und nordöstlich die
Geldsackplate – ein navigatorisch anspruchsvolles Revier.

KAVENTSMÄNNER VOR BORKUM

Ruhig liegt die „Georg Breusing" im Hafen von Borkum. Es ist Ostern 1978 und bisher, am Sonnabend und Sonntag, herrscht angenehmes Wetter, ruhige See und es ist friedlich auf der Nordsee. Doch das ändert sich schlagartig in der Nacht zum Ostermontag. Der Wind brist auf und steigert sich zu einem heftigen Sturm. Die Wolken hängen tief, die Sicht ist aber noch gut. Die typischen Anzeichen für einen Sommersturm, aber es ist erst Ostern. Die Rettungsmänner sind mit Kochen und Reinschiff beschäftigt. Der Funk ist jedoch ständig auf Empfang geschaltet und die Männer reagieren unterbewusst auf die wichtigen Schlagwörter. Und eines dieser Wörter schallt plötzlich aus dem Funk: „Mayday". „Mayday, Mayday", wiederholt die männliche Stimme. Sie scheint ruhig und gelassen, so als wenn der Rufer wüsste, dass sichere Hilfe geleistet wird. Vormann Fritz Brücker bestätigt den Ruf und spricht mit dem um Hilfe rufenden Skipper. Sie wüssten nicht mehr, wo sie wären. es ginge ihnen nicht gut und sie bäten um Hilfe. Der deutsche Eigner, sein Sohn und zwei Mitfahrer kämen von Holland und hätten dort ein neues Schiff übernommen. Sie seien auf dem Weg nach Hause an der Ems. Der Maschinist der Breusing, Hinrich Klattenberg, ist schon im „Keller". Er drückt den Startschlüssel in die Öffnung, der

„Georg Breusing" im Einsatz

Öldruck steigt und der Seenotrettungskreuzer ist innerhalb von Minuten startklar. Mit dem legendären „Wir kommen", legt der Vormann den Hebel auf den Tisch und bringt die 2.400 PS in Fahrt. Es gibt nur eine Schwierigkeit: Wo ist das Segelschiff? Die „Georg Breusing" hat zu der Zeit noch keinen UKW-Funkpeiler an Bord, ein Instrument, mit dem es möglich ist, über den UKW-Sprechfunk die Position des Anrufers zu orten. Aber der Seenotrettungskreuzer hat neben dem UKW-Sprech-funk auch noch den komplett anders funktionierenden militärischen Funk an Bord. So kann von Bord auch mit dem SAR-Hubschrauber kommuniziert werden. Und das wird auch nötig sein. Der Sturm weht mit 10 Windstärken und bald muss die Mittelmaschine abgeschaltet werden. Die schiere Kraft könnte den Rettungskreuzer zerstören. Fritz entschließt sich, den noch auf Borkum stationierten SAR-Flieger zu alarmieren. Der erfahrene Vormann überlegt. Das Feuerschiff BORKUMRIFF hat auf seiner Position den Notruf klar gehört, ebenso Scheveningen Radio. Eine Station weiter östlich ist das „Mayday" allerdings nur noch sehr schwach empfangen worden. Daraus schließt Fritz Brückner, dass der Segler ziemlich nahe westlich von Borkum sein muss. Der Hubschrauber ist schon weit draußen zwischen Westerems und Hubergat in der Luft. Der Vormann bittet den Skipper über Funk, den Himmel nach dem SAR-Flieger abzusuchen. Und es klappt. Eine glückliche Stimme meldet sich aus dem Funk: „Wir sehen den Hubschrauber südlich von uns." Hin und her geht jetzt die Kommunikation zwischen Seenotretter, Hubschrauber und Segelyacht.

„Hier ist alles nur weiß", meldet der Pilot, der über der ruppigen und aufgewühlten See über den Sandbänken kreist und die Yacht sucht. Langsam spricht Fritz den Hubschrauber im Dreiergespräch an die Yacht heran, die den Hubschrauber langsam näher kommen sieht. Hinrich Klattenberg ist als Ausguck mit im offenen oberen Fahrstand.

Der Sturm hat inzwischen eine mörderische Kraft entwickelt. 10 - 12 Meter hohe Wellen mit gewaltigem Seegang und eine fast undurchsichtige Gischt vor den Platen lassen den SAR-Piloten die Yacht erst erkennen, als der Hubschrauber direkt über ihr schwebt. Er gibt die genaue Position an den Rettungskreuzer und Fritz steuert sein Schiff durch die grobe See in die angegebene Richtung. Und das erfordert sein ganzes Können und seine große Erfahrung. Ständig steuert er mit den Motoren die Wellen aus. Jede Welle muss er einzeln bewältigen. Führe er zu langsam, könnte das Schiff manövrierunfähig werden. Und führe er zu schnell, schösse der Kreuzer über den Wellenberg hinaus und stürzte 15 Meter tief in das Wellental – nichts Gutes für die Männer an Bord und für das Schiff auch nicht. Angeschnallt steht er fest in den Lifebelts, denn jetzt braucht er beide Hände am Steuer und am Hebel. Im Sekundentakt muss er nun agieren. Oben auf der Welle angekommen, nimmt er die Kraft raus und gleitet steil den Wellenberg hinab. In dem Moment, in dem der Steven sich anfängt zu heben, gibt er wieder volle Kraft voraus. Die über 1000 PS der Seitenmaschinen heulen auf und das Schiff scheint die nächste Welle hinaufzukrabbeln. Und schon wieder ist es auf dem Wellenkamm, Kraft raus, hinab gleiten. Meter für Meter, Welle für Welle erreicht er den Hilfe suchenden Segler. So nah wie möglich steuert Fritz heran. Vor ihm tanzt die Yacht auf den Wellen. Das Heck hebt sich in den Himmel, der Bug dreht nach backbord, das Heck schlägt nach steuerbord, den Bug zieht die Kraft des Wassers nach unten. Mittendrin steht der angeschnallte Skipper am Steuerrad. Gischt sprüht ohne Pause in sein Gesicht. Die Wellen überschlagen sich, die Wolken ziehen sich zu einer massiven Wand zusammen und das Wasser scheint immer dunkler zu werden. Die Sicht wird immer schlechter.

„Ist alles in Ordnung an Bord?", fragt Fritz über UKW hinüber. „Ja, das Schiff ist neu, alles ist dicht. Wir wissen nur den Weg nicht mehr", antwortet der Yachtskipper. Auch Fritz hört nun über die UKW-Verbindung den Motor leise und regelmäßig tuckern: „Der läuft vollkommen rund", ist er zufrieden. Auch die drei Mitreisenden sind ordentlich angeschnallt und sitzen in der Plicht, tragen Rettungswesten und das Schott zum Niedergang ins Innere der Yacht ist sicher verschlossen. Es besteht keine Notwendigkeit, die Yacht abzuschleppen und Fritz entschließt sich nach Absprache mit dem Skipper, vor der Yacht herzufahren und ihr den Weg in den Borkumer Schutzhafen zu weisen. Noch sind Wind und Strom nicht gegeneinander, was noch höhere Wellen bedeuten würde. Der Hubschrauber, der die ganze Zeit stand-by über den beiden Schiffen stand, meldet sich ab und fliegt zurück nach Borkum. Der Job scheint getan. Aber das Schlimmste steht allen noch bevor.

Fritz nimmt Kurs nach Norden, um sicher in die Westerems zu kommen. Der Wind hat nach Nordwest gedreht und die Gefahr, auf Legerwall zu kommen, ist sehr groß. Wenn bei der kleinen Yacht der Motor ausfiele, geriete sie schnell auf die Sandbänke vor Rottumeroog und Rottumerplaat. Sicher laufen beide hintereinander an der Ansteuerungstonne Westerems vorbei und nehmen Kurs hinein in die Westerems. Im Süden liegen die Sandbänke des Hubertgat und nordöstlich die Geldsackplate – ein navigatorisch anspruchsvolles Revier. Und das besonders bei diesen heftigen Wetter- und Seebedingungen. Fritz schaut sich regelmäßig um, ob bei dem Segler alles klar sei. Noch scheint alles in Ordnung zu sein. Doch was ist das dort hinter der Yacht? Der erfahrene Seemann wundert sich. Er sieht etwas, das ihm wie ein kleiner Hügel erscheint, voller weißem Schaum. Aber warum bricht sich die Welle nicht? Fritz schaut wieder nach vorne und wieder nach achtern. Dort ist er wieder, dieser „Hügel", nur ist er erheblich gewachsen! Fritz runzelt die Stirn, das, was da direkt hinter der Segelyacht kommt, wird größer und größer. Vormann Brückner, erfahrener Nautiker auf allen Weltmeeren, erkennt was dort auf ihn zurollt: Diese Wasserwand ist ein Kaventsmann, freak-wave, eine gigantische Monsterwelle bedroht die Segelyacht und die „Georg Breusing". Schneller und schneller kommt sie näher. Fritz reagiert sofort und ändert den Kurs mit Hart Backbord, drückt die Hebel auf den Tisch und dreht die Breusing um. Schiffe sind dafür gebaut, die Wellen von vorne zu nehmen und nicht von achtern. Hundert Meter vor ihm läuft die Yacht vor der Monsterwelle her direkt auf ihn zu. Der Kamm der Welle ist schon höher als die Mastspitze der Yacht und bildet eine Hohlkehle, in der sie senkrecht mit dem Bug nach unten zeigt. Fritz traut seinen Augen kaum. Er sieht den Verklicker oben auf der Mastspitze und gleichzeitig den Kiel und das Unterwasserschiff. Und dann bricht die gewaltige Wasserwand über der Yacht zusammen, ergreift sich den Rumpf des Seenotrettungskreuzers und reißt beide 200 Meter weit mit in den tosenden Wassermassen.

Dramen spielen sich in diesen Sekunden auf der Yacht ab. Der 27-jährige Sohn des Eigners sieht ebenso wie Fritz auf der Breusing diesen „Hügel" hinter sich, der sich als ein Kaventsmann herausstellt. Er bekommt Panik und ist sich sicher, dass sie alle diese Gefahr nicht überleben werden. Und er begeht einen verhängnisvollen Fehler - er löst die Lifeline und schnallt sich ab.

„Mann über Bord!", hört Fritz aufgeregte Rufe über UKW von Bord der Yacht. Der Sohn ist von der Wucht der Welle unangeschnallt über Bord gespült worden. Die beiden anderen Männer hängen halb in der Plicht halb außenbords – aber sicher in ihren Rettungsgurten. Der Skipper rappelt sich hoch, auch er ist dank seines Lifebelts wohlauf. Aber sein Sohn ist weg, treibt in der Nordsee in meterhohen Wellen. Das Funkgerät der Yacht hat die Wassermassen nicht unversehrt überstanden – der Skipper kann nichts mehr empfangen. Glücklicherweise aber ist die Sprechverbindung auf Kanal 16 intakt und Fritz kann hören, was die drei Segler an Bord sprechen.

Panik breitet sich an Bord der Segelyacht aus.

Fritz kennt die große Lebensgefahr für über Bord gehende Seeleute. Sie in rauer See zu finden, ist nur mit einer minimalen Chance möglich. „Die Chance ist 1: 1000, wie die Nadel im Heuhafen zu finden", sagt Fritz zu seinem Kameraden an Bord. Aber er weiß auch, dass die Seenotretter nie aufgeben, solange es nur noch einen Funken Hoffnung gibt. Wo ist der junge Segler? Fritz ruft seine beiden weiteren Kollegen auf die Brücke und sie besetzen mit ihren Ferngläsern an den Augen alle Seiten des Ausgucks. Zügig und routiniert suchen sie die Wasserfläche ab. Alle wissen, wie lebensbedrohlich die Situation für den Segler ist. Das Wasser ist noch kalt und wenn die Körpertemperatur auf 31° sinkt, stirbt der junge Mann.

Maschinist Hinrich Klattenberg sieht ihn als Erster. Die gut ausgerüstete Crew der Segelyacht hat auch für leuchtend rote Rettungswesten gesorgt und das hilft, den Mann im Auge zu behalten. Die See schlägt ihm ins Gesicht – an Schwimmen ist nicht zu denken. Die Wellen sind zu stark. Nur seine Arme schwenkt er immer wieder in Richtung des Seenotkreuzers. Vor Fritz liegt wieder ein schwieriges Manöver.

Er muss sein Schiff an den jungen Mann heranfahren, ohne ihn zu überfahren. Die „Georg Breusing" wiegt immerhin fast 100 Tonnen, keine Chance für den Mann im Wasser, wenn das Schiff ihn überfahren würde.

Fritz konzentriert sich auf den Mann und will ihn an seiner Steuerbordseite aufnehmen, denn auf der Breusing sind die Fahrhebel an dieser Schiffsseite. Langsam steuert der Vormann sein Schiff näher heran, den zu Rettenden immer im Auge. Doch sein seemännischer sechster Sinn signalisiert Gefahr! Fritz schaut nach achtern und traut kaum seinen Augen: Weit oben über ihm und von hinten sieht er die Yacht auf sich zurasen. Die „Georg Breusing" befindet sich im Wellental und die Yacht rast von der Spitze des Wellenkamms hinunter und gleitet direkt auf das Heck des Kreuzers zu. Fritz weiß genau, was passiert, wenn die Yacht ihn jetzt rammt: Eine Katastrophe wäre unausweichlich. Fritz gibt Gas und sein Schiff schießt nach vorn, Er versucht sich von dem Segelschiff zu entfernen. Doch der Skipper folgt ihm – denn er weiß, wo der Kreuzer ist, da ist auch sein Sohn. Und noch einmal laufen die Männer der „Breusing" den im Wasser treibenden Mann an, als die Yacht sich wieder von achtern nähert. Also nochmal Flucht nach vorn. Hinnerk behält den im Wasser treibenden Mann im Auge. Er weiß, er darf ihn nicht verlieren. Über ihnen dröhnt inzwischen wieder der SAR-Hubschrauber. Er ist mittels Alarmstart zurückgekehrt, als er auf seiner Station Borkum im Funk die Entwicklung der dramatischen Rettungsaktion hat mithören können. Fritz arbeitet sich wieder zurück an den jungen Segler im Wasser. Auskuppeln, treiben lassen, keine Propellerbewegung und die Schwimmleine fliegt hinunter ins tosende Wasser. Der Mann zwängt sich ins das Leinenauge und hält sich fest. Mit vereinten Kräften hieven die Männer der Breusing den Mann an Bord. Gerettet! Die Yacht hat inzwischen den Rettungskreuzer aus den Augen verloren und läuft Richtung Borkum.

Die Crew der „Georg Breusing" versorgt den Geretteten und freut sich über das gelungene Manöver. Doch sie sollten sich zu früh freuen. Der Hubschrauberpilot meldet sich und warnt sie vor einer erneuten Gefahr. „Die Yacht steuert direkt auf das Hohe Riff zu." Das Hohe Riff, die Sandbank vor Borkum, schon seit Jahrhunderten ist sie vielen Schiffen und Booten zum Verhängnis geworden. Der Segler steuert unbeirrt weiter. Er hat Borkums Neuen Leuchtturm im Blick und dort will er hin. Längst hat er übermüdet und verwirrt vergessen, was in seiner Seekarte deutlich markiert ist: Zwischen ihm und Borkum liegt Borkum Riff, diese gefährliche Untiefe. Fritz gibt Volle Kraft voraus und folgt der Yacht, die sich unaufhörlich ihrem endgültigen Verderben nähert. Der SAR-Pilot versucht den Skipper zu warnen, indem er - wie international üblich - das Boot von hinten anfliegt und dann quer zum Kurs in die sichere Richtung abbiegt. Dieses Signal aber kennt der Segler nicht und ignoriert die Warnung. Fritz schließt auf zu ihm und warnt ihn mit lautem Hupen seines Typhoons. So nahe, wie es der immer noch schwere Seegang zulässt, nähert er sich der Yacht. Hinnerk geht auf das Vorschiff des Kreuzers und gibt über Megafon die Anweisung: „Folgen Sie uns!" Der Segler versteht, ändert seinen Kurs und folgt dem Seenotrettungskreuzer in den Borkumer Schutzhafen.

Ein sechsstündiger harter Einsatz ist erfolgreich beendet. Die Kaventsmänner vor Borkum haben an den Nerven der Segler gezerrt und auch die Seenotretter wissen, was sie getan haben. Die Segler kommen an Bord und bedanken sich und erzählen, dass sie den Seegang erst gar nicht richtig einschätzen konnten. Als die „Georg Breusing" mit ihrer Länge von 26,66 Metern vor ihnen auftauchte, dachten sie, die Borkumer seien mit dem Tochterboot „Engelke" gekommen. Die „Engelke" ist mit 8,50 Metern deutlich kleiner – so können die Dimensionen in einer tosenden See verschwimmen. Ein weiterer Einsatz unter schwierigsten Bedingungen ist von den Borkumer Männern der Deutschen Gesellschaft zur Rettung Schiffbrüchiger geschafft.

Bald kehrt Ruhe auf dem Schiff ein. Die Männer sind stolz auf ihre Leistung und natürlich sind sie sehr hungrig. Sie belohnen sich mit einem schnellen Gericht. Sie sind zu müde, um noch lange Zeit in der Kombüse zu stehen.

Krabbenrührei à la Klaus

Dazu schneide ich 5 - 6 mittelgroße Zwiebeln in dünne, halbe Scheiben und brate diese in einer großen Pfanne mit fein gewürfeltem geräucherten durchwachsenen Speck in Butter goldgelb.

Dann gebe ich - nur kurz - die gepulten Krabben(Granat) dazu und übergieße alles mit in Milch geschlagenen Eiern und lasse diese Masse unter ständigem Rühren aufstocken.

Dann verteile ich das Krabbenrührei auf Schwarzbrot

SPIDERMAN ZUR SEE

Gegen zwei Uhr nachts am 1. November 2006 geht der Notruf bei den holländischen Rettungskreuzern der Königlich Niederländischen Rettungsgesellschaft KNMR ein. Ein russischer Frachter meldet Probleme. Er treibt westlich von Borkum mit blockiertem Ruder, das Schiff lässt sich nicht mehr manövrieren und schlägt quer. Es wird hilflos über alle Sände bis vor die holländische Küste getrieben. Das Glück der Crew ist, dass in dieser Nacht der Wasserstand drei Meter über Normal liegt und es so vor einem kompletten Auflaufen bewahrt wird. Doch der Frachter hat mit hohen Wellen zu kämpfen und treibt weiter von Sand zu Sand. Der holländische Seenotrettungskreuzer „Anna Margaretha" und der Schlepper „Oceanic" eilen in der Nacht als Erste durch die stürmische See zum verunglückten Frachter. Bei der Rettungsaktion verunglückt der holländische Seenotrettungskreuzer selbst. Er kentert mehrmals durch, sämtliche Antennen werden abgerissen und es besteht kein Funkkontakt mehr.

Um kurz nach acht erreicht ein Notruf die auf Borkum stationierte „Alfried Krupp". Sie soll sich an der dramatischen Rettungsaktion beteiligen und noch Schlimmeres verhindern. Nun muss alles ganz schnell gehen. In kürzester Zeit wird das Schiff auslaufbereit gemacht und die freiwillige Bereitschaft zur Verstärkung angefordert. Bereitschaft als freiwilliger Rettungsmann hat heute Udo Kaja. Ein Anruf des Vormanns Ralf Schäfer genügt und er ist zur Stelle. Um etwa viertel nach acht läuft die „Alfried Krupp" zu ihrem Einsatz aus. Mit Volldampf sticht das Schiff in die aufgewühlte und sehr stürmische See. Der Auftrag lautet vorerst, die holländischen Kollegen zu orten und diese aus ihrer Lage zu befreien. So lässt der Seenotrettungskreuzer den Schlepper „Oceanic" an sich vorbeiziehen, der sich um den manövrierunfähigen russischen Frachter kümmern soll.

Die Wellen sind weit höher als zehn Meter. Es herrscht eine Windstärke von 12 Beaufort, das sind mehr als 118 Stundenkilometer Windgeschwindigkeiten. Das Schiff macht gewaltige Sprünge. Plötzlich wird es wie ein Spielball des Meeres angehoben und schwebt für Bruchteile von Sekunden in der Luft. Von der Schwerkraft angezogen, setzt das Schiff wieder zur Landung in der aufgewühlten See an. Dies ist der Moment, als Udo auf der Kommandobrücke keinen Boden mehr unten den Füßen spürt. Wie ein Softball wird auch er angehoben. Schon in der Luft klammert er sich noch geistesgegenwärtig an den nächsten festen Gegenstand. Neben ihm schweben eine Kaffeetasse und ein Buch – und Udo hängt mit seinem Körper der Länge nach unter der Decke. Das Einzige, was er sich in so kurzen Sekundenbruchteilen überlegt, ist: „Wenn du jetzt runterkommst, dann sieh zu, dass du wieder auf die Füße kommst, sonst hast du keine Knochen mehr." Die Szenerie erinnert an Spiderman. Dieser Mensch mit den Eigenschaften einer Spinne bewegt sich mühelos in schwindelnder Höhe und klammert sich an allem fest, was er zu greifen bekommt. So auch Udo, der sich mit dem herzhaften Griff nach dem nächstbesten Halt vor einem schmerzhaften Sturz auf den harten Boden rettet.

Der Wind lässt nicht nach – immer noch tobt er mit Stärke 12 über der Nordsee. Die „Alfried Krupp" versucht, die holländischen Seenotretter zu finden. Doch aufgrund der hohen Wellen ist weit und breit nichts zu sehen. Die Crew der „Anna Margaretha" hat in der Zwischenzeit zumindest eine Maschine wieder in Gang bekommen, kann sich jedoch immer noch nicht bemerkbar machen – der Funk ist ausgefallen und für das Funktionieren des Handynetzes ist man zu weit vom Land entfernt. Ein großer Autofrachter, der sich ganz in der Nähe durch die Wellen schlägt, sichtet schließlich den holländischen Seenotrettungskreuzer und gibt die Koordinaten an die anderen Retter durch. Ein Hubschrauber der holländischen Küstenwache ist schnell zur Stelle und lotst die beschädigte „Anna Margaretha" mit ihrer leicht verletzten Crew in den Hafen von Lauwersoog.

Die Besatzung der „Alfried Krupp" atmet in diesem Moment tief durch – eine Krise ist abgewendet. Doch der Einsatz ist für sie noch lange nicht beendet. Immer noch treibt der russische Frachter manövrierunfähig auf die holländische Küste zu. Als

klar wird, dass dem Frachter bei dieser unruhigen See nicht zu helfen ist, bittet die Rettungsleitzentrale in Bremen darum, die Besatzung des Frachters abzuwinschen. Ein Hubschrauber holt Mann für Mann von Bord und rettet sie aus ihrer gefährlichen Lage. Die „Alfried Krupp" manövriert unweit des Bergungseinsatzes und sichert diesen ab. Falls nun auch noch der Hubschrauber verunglücken sollte, wäre sie zur Stelle, um Leben zu retten. Die Rettungsaktion glückt jedoch und die Besatzung des Frachters wird in Sicherheit geflogen. Der Kapitän und ein weiteres Besatzungsmitglied kämpfen mit schweren Verletzungen. Der herrenlose Frachter läuft kurz vor der holländischen Küste auf und kann erst drei Tage später durch einen Schlepper geborgen werden. Um 16 Uhr – etwa acht Stunden nach Beginn des Einsatzes – läuft die „Alfried Krupp" nach getaner Arbeit im Borkumer Schutzhafen ein. Wie rau die See und wie hart der Einsatz waren, erkennt man an der Reling des Seenotrettungskreuzers. Die unbändige Kraft der Wellen und des Meeres haben ein Teil der Reling verbogen. Der freiwillige Rettungsmann Udo Kaja hat seit diesem Tag bei seinen Kollegen einen neuen Spitznamen: Spiderman von Borkum.

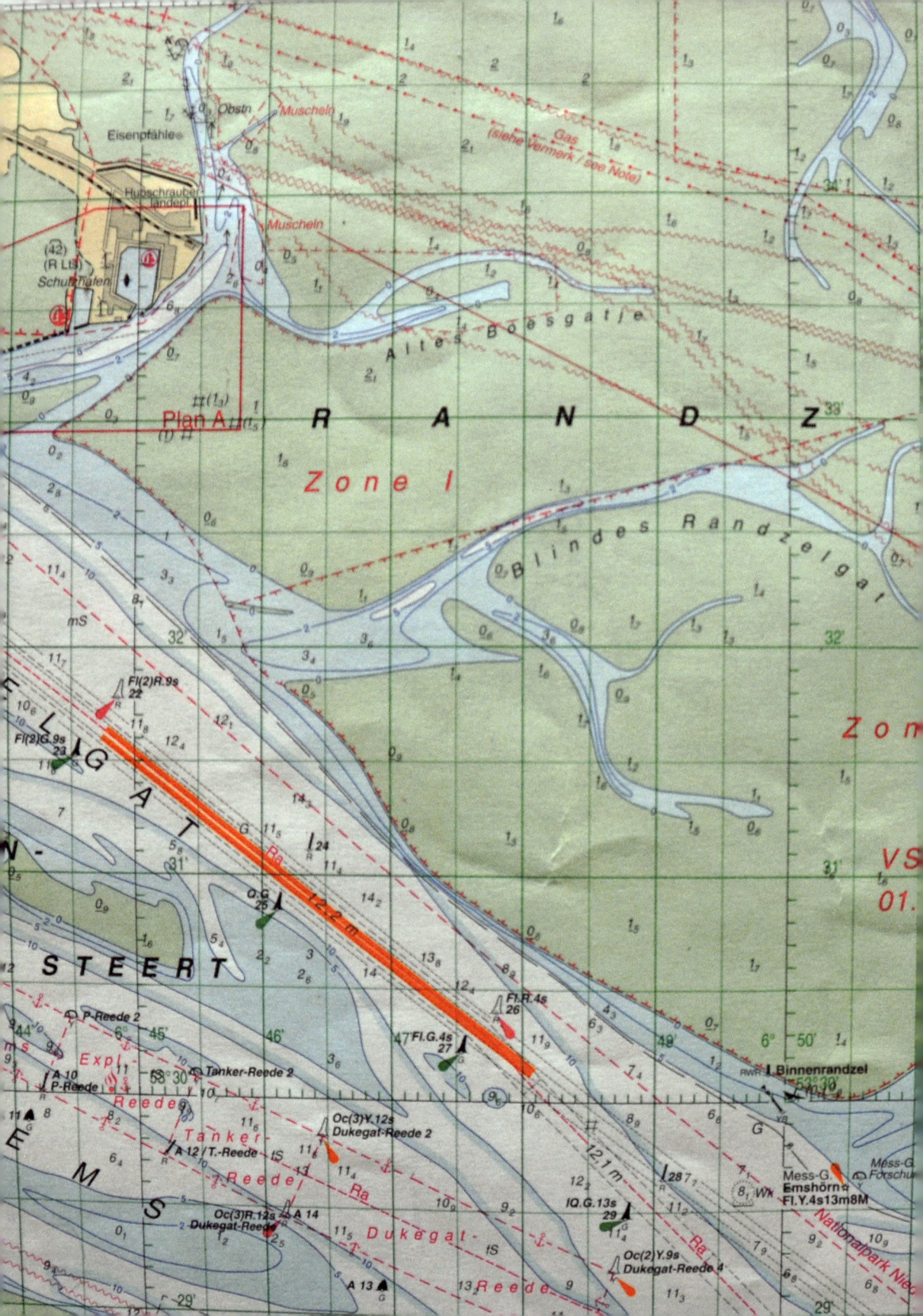

PASTOR MIT DEM FAHRRAD AUF DEM RANDZEL

Es ist ein herrlicher Sommertag auf Borkum. Die Gäste vergnügen sich an den Stränden und in der Natur. Vor drei Tagen war Neumond. Seefahrer wissen, das sind die Tage der Springtide und der Wasserstand bei Ebbe ist besonders niedrig. Es herrscht leichter Wind aus Ost – ein idealer Tag für Radwanderer. Hunderte sind unterwegs, vorbei an Dünen und Wiesen. Und scheinbar auch noch ganz woanders.

Kapitän Gert Förtsch steuert wie jeden Tag seine Borkumfähre sicher zwischen Borkum und Emden. Als erfahrener Seemann hält er auch immer Ausschau in seinem Revier. Doch was er da sieht, scheint er nicht wirklich zu glauben! Ein Radfahrer steht auf der Sandbank des Randzel. Der Randzel ist eine riesige Sandbank, die sich südöstlich zwischen Borkum und dem Festland ausbreitet. Bei Niedrigwasser fällt sie an vielen Stellen trocken. Aber ein Fahrradfahrer auf der Sandbank? Gert Förtsch greift zum Funk und ruft Fritz Brückner auf der „Alfried Krupp".

Gert Förtsch: „Fritz, auf dem Randzel steht ein Fahrradfahrer und winkt."
Fritz Brückner, der das für einen Scherz seines Kollegen hält, antwortet lachend: „Hat er denn auch Licht an?"
Gert Förtsch: „He, da steht wirklich ein Mensch", bekräftigt er. „Das Wasser läuft auf und der kommt da nicht mehr weg."

Fritz weiß, dass sein Freund und Kapitänskollege nicht scherzt und setzt zwei seiner Rettungsmänner mit dem Tochterboot in Marsch zum Randzel. Nach 15 Minuten erreichen sie die sich langsam wieder mit Wasser füllende Sandbank. Tatsächlich steht dort ein Mann mit Fahrrad, Rucksack und Sandalen. (Licht hatte er keines an, es war ja Tag!). Schnell wuchten die Rettungsmänner Mann und Fahrrad auf das Tochterboot und bringen ihn in Sicherheit. Die Erklärung für seinen Leichtsinn oder gar sein Missverständnis ist einfach. Springtide und Ostwind führen zu besonders niedrigen Wasserständen bei Niedrigwasser. Es gibt zu dieser Zeit eine Stelle im Wattfahrwasser südöstlich von Borkum, die komplett trockenfällt und den normalerweise durch Wasser versperrten Zugang zum Randzel für kurze Zeit öffnet. Der Radfahrer - übrigens ein gottesfürchtiger Pastor und Naturliebhaber - ist genau zu der Zeit mit dem Rad unterwegs, verlässt Deich und Strand und wagt sich auf die scheinbar sichere Fläche. Er radelt Richtung Emden und bemerkt seinen Irrtum, als er plötzlich von verschiedenen Seiten das Wasser stetig auf sich zukommen sieht. Die Borkumfähre schickt ihm sicherlich sein himmlischer Vater zur rechten Zeit. Und er winkt und winkt und winkt.

Borkumer Bootjefahrer nennen diese trockenfallende Stelle im Watt übrigens „Pastor". Nicht wegen des radelnden Gottesdieners sondern wegen des Dieners, den der Bug der Boote nach vorne macht, wenn sie Grundberührung haben: eben „die Verbeugung vor dem Pastor".

Der gerettete Pastor schließt in Zukunft die Borkumer Seenotretter in seine Gebete ein und wünscht ihnen einen guten Appetit bei den Apfelpfannkuchen, die es nicht nur nach dem sonntäglichen Kirchgang gibt.

Apfelpfannkuchen Ostland

500 g Mehl, 4 Eigelb, 1/2 Liter Milch und etwas Salz verrühre ich zu einem Pfannkuchenteig. Das Eiweiß schlage ich mit einem Schneebesen zu einer festen Masse und hebe es unter den Teig. In einer Pfanne wird Butter erhitzt, der Teig dazugegeben und die geschnittenen Äpfel in den Teig gelegt. Beide Seiten lasse ich dann schön knusprig braun braten. Ich gebe die Pfannkuchen auf einen Teller und bestreiche sie mit Zuckerrübensirup. Schmeckt wie bei Muttern!

Eine leckere Variante sind Speckpfannkuchen. Statt Milch wird Mineralwasser für den Teig verwendet. Und statt der Äpfel wird scharf angebratener durchwachsener geräucherter Speck auf den Teig gelegt.

Das Randzel - Wasser soweit das Auge reicht. Aber bei Niedrigwasser fällt die riesige Sandbank weitgehend trocken.

DAS ENDE EINES TRAUMES

Noch immer ist die See vor Borkumriff stark aufgewühlt. Der Himmel ist bedeckt, Wind 4 bis 5, aber gute Sicht. Ralf Skou sitzt in der Plicht seiner Segelyacht „Celine" und er macht gute Fahrt. Er hält das Ruder fest in der Hand, etwas außerhalb und südlich der Großschifffahrtsstraße German Bight Western Approach, immer entlang an den grünen Tonnen. Er hat Cuxhaven vor einigen Stunden verlassen und ist auf dem Weg zum Mittelmeer. Skou ist Däne und verdient sein Geld auf Grönland beim Bau von Ölpipelines. Ein harter Job, aber gut bezahlt. Seit Jahren verfolgt er eisern das Ziel, seinen Lebenstraum zu verwirklichen. Er will als Einhandsegler die Welt umrunden. Der 44-Jährige spart eisern, macht jahrelang keinen Urlaub und nimmt jedes Angebot an, gut bezahlte Überstunden zu machen. Vor einem halben Jahr steht vor ihm dann das Ziel seiner Träume: Er kauft eine 10-Meter-Yacht, seetüchtig und in gutem Zustand. „Celine" nennt er seinen Traum und gibt viel Geld seiner Ersparnisse dafür aus, das Boot perfekt auszurüsten. Er installiert alle notwendigen Sicherheitsausrüstungen, um als Einhandsegler die Ozeane der Welt befahren zu können. Skou ist glücklich, als er nordwestlich von Borkumriff durch die See steuert. Als verantwortungsvoller Segler trägt er seine Rettungsweste und mit seiner Lifeline hat er sich noch an der Reling eingeklickt.

Rumms! Ralf Skou springt erschrocken auf - seine „Celine" erhält einen heftigen Stoß. Das ganze Boot erzittert und es dauert nur wenige Sekunden, bis sich der Vorsteven nach vorne ins Wasser neigt. Ralf weiß, was passieren wird. Seine „Celine" kippt zur Seite und kentert. Noch schafft er es, den Haken seiner Rettungsleine von der Reling zu lösen, da stürzt eine Welle über ihm zusammen. Es gelingt dem kräftigen Mann, nicht unter den Segeln begraben zu werden, sich nicht in dem Gewirr von Schoten, Fallen und Lieken zu verheddern und aufzutauchen. Die Auftriebskräfte des Kunststoffbootes wirken und die „Celine" sinkt nicht. Der Segler kann sich an dem kieloben treibenden Schiff festhalten und ahnt, was passiert ist. Er ist von einem im Wasser treibenden Container gerammt worden. Ein zyprischer Frachter hat den Verlust in der Nacht zuvor gemeldet.

Der Nordwestwind und der ostwärts gerichtete Flutstrom der Nordsee ergreifen das im Wasser treibende Boot und schieben es in südöstliche Richtung. Dort droht weitere Gefahr für den Schiffbrüchigen, das Hohe Riff. Diese Sandbank ist Teil des bei Seeleuten gefürchteten Borkumriff. Zur gleichen Zeit fährt das Ausflugsschiff

MS „Stadt Borkum" mit seinen Gästen zu den Seehundsbänken am Hohen Riff. Der Steuermann sieht zwei Mal durch sein Fernglas, um sich zu vergewissern, bevor er Alarm gibt. Tatsächlich, dort liegt eine gekenterte Segelyacht, die scheinbar im Sand des Hohen Riffs festsitzt. Kapitän Gerd Förtsch informiert sofort über Funk die „Georg Breusing", dass ein Wrack zwischen den Tonnen 10 und 12 liegt. Nach gut 20 Minuten erreicht die „Georg Breusing" die Unfallposition. Vormann Fritz Brückner weiß, was zu tun ist. Der große Seenotrettungskreuzer würde selbst auf dem Riff auflaufen, deshalb muss „Engelke" raus. Das 8 ½ Meter lange Tochterboot hat nur einen Tiefgang von 75 Zentimeter und kann den Gestrandeten erreichen.

Maschinist Hinrich Klattenberg und Rettungsmann Bernhard Runde rauschen über die Heckklappe der Breusing ins Wasser und kämpfen sich auf das Riff. Boot und Besatzung werden hart gefordert. Zeitweise liegt „Engelke" platt auf der Seite und nimmt viel Wasser. Die auf dem Mast befestigte UKW-Antenne bricht bei einer Grundberührung ab. Später wird man in der hohlen Mastspitze Sand vom Hohen Riff finden. Dann endlich erreichen sie den im Wasser treibenden Ralf Skou. Noch hält er sich an seiner „Celine" fest. Er ist nicht in der Lage, sich selbst zu bewegen. Hinrich Klattenberg versucht die „Engelke" auf den kabbeligen Wellen einigermaßen ruhig zu halten. Bernhard Runde greift mit einem kräftigen Handgriff nach dem Dänen und zieht ihn an Bord. Bernhard kümmert sich um den völlig erschöpften Segler. Er steht unter Schock, kann nicht sprechen und zittert am ganzen Leib. Hinrich kämpft sich zurück zur „Georg Breusing". Das ist nicht einfach – kurze und steile Brandung bedeutet flaches Wasser. Und die kann selbst für das Tochterboot gefährlich werden. Über Umwege von tiefen Prielen auf dem Riff erreichen sie die

Breusing und sollen durch deren Heckklappe an Bord gezogen werden. Doch gerade als der Vorsteven von „Engelke" die heruntergelassene Heckklappe berührt und Hinnerk Vollgas gibt, heult nur der Motor auf und das Tochterboot gleitet wieder zurück. Die Vulkankupplung zwischen Getriebe und Schraubenwelle hat den Belastungen nicht standgehalten und zerbröselt. „Engelke" wird in Schlepp genommen und Vormann Brückner steuert sein Schiff zur Riff-Plate, einer tiefen Bucht zwischen dem Hohen Riff und dem Nordstrand Borkums. Dort ist Schutz vor dem Seegang, und das Tochterboot wird mit Hilfe der Winde aufgenommen. An Bord des Rettungskreuzers wird Ralf Skou gegen Unterkühlung behandelt und mit trockener Kleidung versorgt. Heißer Tee und die gute Erstversorgung an Bord tragen zu einer schnellen Erholung des körperlich kräftigen Dänen bei. Aber er ist traurig, sehr traurig. Seine Retter wollen ihm seine Bitte nicht abschlagen, in der Nähe des Wracks zu bleiben. Er möchte bei Ebbe nochmals zu seiner „Celine", in der Hoffnung, noch etwas retten zu können.

Ralf Skou landet mit zwei Rettungsmännern und der „Engelke" auf dem Hohen Riff. Die Sandbank ist trocken, es ist Niedrigwasser. Die Reste der „Celine" liegen auf dem Sand. Er weint. Neben dem Wrack findet er sein Funksprechzeugnis – mehr nicht. Sein Leben ist gerettet. Aber sein Lebenstraum nicht – wo ist er geblieben?

48 STUNDEN EINSATZ AUF SEE

Es ist Winter auf Borkum. Seit Tagen ist es sehr kalt, aber bisher behindern noch keine großen Eisschollen die Schifffahrt in der Emsmündung. Vormann Fritz Brückner sitzt mit seiner Mannschaft beim Frühstück. Noch weiß er nicht, dass ihm in Kürze seine längste Reise als Vormann des Seenotrettungskreuzers bevorsteht. Die kurze Teepause wird jäh durch den Ruf von Norddeich Radio unterbrochen. Über 100 Seemeilen nordwestlich von Borkum treibt ein Fischkutter mit Maschinenschaden manövrierunfähig in der Nordsee und bittet um Schlepphilfe. Fritz legt ab von Pier 2, passiert die Fischerbalje und lässt Borkum hinter sich. Viele Stunden sind sie unterwegs, derweil wird das Wetter unhandig. Der eisige Wind nimmt zu und der Seegang ist ruppig draußen im Seegebiet Deutsche Bucht, als sie nach über sieben Stunden die angegebene Position erreichen. Doch außer Wasser und Wolken ist nichts zu sehen für die Borkumer Seenotretter. Auch die folgenden Rufe über UKW-Kanal 16 führen zu keinem Ergebnis: keine Antwort von dem Fischkutter.

Während der Seenotkreuzer zum Einsatzort läuft, bereiten die drei Männer der Besatzung des Fischkutters die Ankunft der Seenotretter vor. Das Wetter wird schlechter und es wird sehr kalt an Bord. Im Ruderhaus vereisen schon die Scheiben, durch den Ausfall des Motors funktioniert auch die Heizung nicht mehr. Sie entschließen sich, mit einem kleinen Heizlüfter mit Energie vom Hilfsdiesel wenigstens etwas Wärme zu erzeugen. Das Gebläse springt an und der Schiffsführer befestigt den Lüfter mit einem Bändsel an dem alten großen Heizkörper. Trotzdem müssen sie wieder raus auf das kalte Deck. Der Seenotrettungskreuzer scheint bald anzukommen und sie machen die Schleppleinen klar. Was sie dabei nicht bemerken, ist das kleine Befestigungsbändsel am Heizlüfter. Es ist zu nahe an den Glühstäbchen, fängt an zu glimmen und brennt leicht schmorend durch. Unbemerkt von den Männern fällt es auf die von Altöl verschmutzte Fußmatte vor dem Niedergang zum Motorraum und es beginnt zu brennen. Der Kapitän des Kutters bemerkt als Erster den Qualm. „Feuer an Bord!", die Angst jedes Seemanns. Dennoch gelingt es den Fischern, mit zwei Feuerlöschern den Brand schnell zu löschen. Aber zu einem hohen Preis: Die Funkgeräte nehmen Schaden und fallen aus. Derweil treibt die Strömung das manövrierunfähige Schiff immer weiter weg von seiner ursprünglichen Notposition.

Fritz ahnt inzwischen, dass es offensichtlich nicht möglich ist, Kontakt mit dem Fischkutter aufzunehmen und entscheidet sich zum Suchmanöver „expanding square". Er steuert sein Schiff an den ursprünglich vom Fischer gemeldeten Punkt und fährt das Gebiet in sich erweiternden Quadraten ab. Die Strategie ist erfolgreich, nach nur einer Stunde sichten sie den Kutter. Es dunkelt schon, als sie den Kutter antauen.

Die Winde werden immer heftiger, das Meer immer zorniger. Vor den Männern liegt ein langes Schleppmanöver. Den Fischkutter zurück nach Borkum zu bringen ist wegen des Seegangs nicht möglich, und Vormann Brückner

Uwe Kaja und Fritz Brückner

entscheidet sich für den Weg nach Helgoland. Rund 120 Seemeilen und 28 Stunden Schleppfahrt liegen vor ihnen. Mit ihm an Bord ist einer der erfahrensten der freiwilligen Rettungsmänner: Uwe Kaja. „Uwe ersetzt jeden Autopiloten", spricht Fritz Brückner noch heute voller Hochachtung von seinem Kollegen. Er sei so sicher, dass er jede Selbststeuerungsanlage ersetzen könne. Viele, viele Stunden steht Uwe schon am Steuer, als er Fritz bittet, ihn kurz abzulösen, er müsse mal zur Toilette. Zehn Minuten später ist er wieder da, eine Scheibe Brot mit Speck darauf in der Hand und sagt zu seinem Vormann: „Dann lass mich mal wieder ´ran", und wieder steht er acht Stunden sicher und souverän am Ruder. Zwei Tage und eine Nacht auf See sind vergangen, als sie endlich Helgoland erreichen und den Kutter heil an der Pier abliefern können. Dann wird noch gebunkert, etwas Dosenkost gewärmt und es geht zurück nach Borkum. Da sich das Wetter nicht gebessert hat, stehen weitere sieben Stunden Seereise an.

48 Stunden nach Auslaufen aus dem Borkumer Schutzhafen sind sie wieder daheim. Uwe Kaja ist noch im Alter von 70 Jahren auf die „Alfried Krupp" gekommen – eine Legende unter den freiwilligen Seenotrettern. Und nach 48 Stunden gibt es erst einmal „Ruhe im Schiff" und dann mehr als nur eine Scheibe Brot mit Speck für zwischendurch. Es gibt Rinderschmorbraten Deutsche Bucht.

Rinderschmorbraten Deutsche Bucht

Zwei falsche Filets vom Rind wasche ich mit kaltem Wasser ab, tupfe sie mit Küchenkrepp trocken und reibe sie gut mit scharfem Löwensenf ein. In einem großen Topf (es kann auch ein Dampfdrucktopf sein) wird das Fleisch in heißem Butterschmalz gut angebraten. 1,5 Liter klare Brühe (Bouillon) darüber gießen und in dem verschlossenen Dampfdrucktopf ca. 1- 1 1/2 Std. kochen. Danach ist das Fleisch "butterweich". Diesen Effekt erreicht man auch, wenn das Fleisch ca. 3 Std. im Backofen gart. Nur reduziert sich so das Fleisch um die Hälfte und bleibt unter Umständen zäh. Aus der Flüssigkeit lässt sich eine leckere Sauce herstellen. Dazu etwas würzen und mit Butter verfeinern und mit braunem Mondamin andicken.

Als Beilagen schmecken in Butter geschwenkte Prinzessbohnchen und Salzkartoffeln.

EIN ETWAS SELTSAMER PIRATENÜBERFALL

Der Ärmelkanal liegt schon lange hinter ihr, die holländische Küste zieht im Süden vorbei – das Ziel ist Borkum. Die feine englische Yacht scheint sorglos durch die Nordsee zu gleiten, das Hubertgat liegt schon vor ihr. Fritz Brückner und seine Mannschaft widmen sich dem spätabendlichen Fernsehprogramm, als sie im feinsten Oxford-English eine Stimme aus dem Funk hören: "Is there anyone in the vicinity?" Fritz hört sofort, dass dort jemand nach Unterstützung in der Umgebung sucht und meldet sich auf UKW-Kanal 16. "This is Borkum Life Boat — may we help you", antwortet der Vormann in ebenso perfektem Englisch. Der Brite, hörbar erleichtert aber nicht weniger aufgeregt, meldet einen Überfall. Er segele auf der Höhe des Hubertgat in Richtung Borkum. Ein Schiff käme ständig auf ihn zu, wolle ihn rammen, drehe wieder ab und käme mit einem neuerlichen Angriff zurück. Fritz, der von Piratenüberfällen auf der Ems seit Störtebekers Zeiten vor 600 Jahren nichts mehr gehört hatte, runzelt die Stirn. "No problem. We are coming", beruhigt er den Engländer.

Seine Rettungsmänner haben sich bereits klar gemacht, der Maschinist hat schon die Motoren angeworfen und Fritz legt ab und die Hebel auf den Tisch. Als er die Fischerbalje passiert, versucht er aber dennoch, der Sache schon im Vorfeld auf den Grund zu gehen. Er ruft über Funk die Revierzentrale am Knock: „Habt Ihr etwas auf dem Radar?" Von hier hat Ems-Traffic den gesamten Schiffsverkehr der Emsmündung auf den Monitoren. Die Radarbeobachter bestätigen sofort: „Zwei Fahrzeuge laufen nach Westen und eins immer im Kreis." Fritz weiß, eins der Schiffe auf Westkurs ist er mit der „Alfried Krupp", aber, wer sind die beiden anderen? Schnell erreicht er den Segler, der völlig verunsichert auf seiner kleinen und feinen Yacht sitzt und ständig im Kreis fährt. Fast zwei Seemeilen weiter sieht er die Hecklichter des sich entfernenden „Piratenschiffes". "There he is, follow him and take him under arrest", fordert der englische Segler Fritz auf, den Piraten zu verfolgen und gefangen zu nehmen. Was Fritz natürlich ablehnt. Er sei Seenotretter, aber kein Polizeiboot, könne den Engländer aber gerne in den Borkumer Schutzhafen geleiten.

„Alfried Krupp", ihre Mannschaft und die feine englische Yacht sind wieder sicher im Hafen. Fritz Brückner und seine Männer begeben sich in die Kojen, die Lautsprecher aller Funkgeräte sind in die Kammern geschaltet. Sie rätseln noch immer, wer denn wohl dieser Seeräuber sein könnte. Am nächsten Morgen beim Frühstück geht ihr Blick hinaus auf die ruhige Wasserfläche des Schutzhafens. Langsam läuft das Vermessungs-Schiff des Wasser- und Schifffahrtsamtes in den Hafen ein. Die Männer lachen herzlich: Das amtliche Peilboot, das regelmäßig die sich schnell verändernden Tiefen der Emsmündung misst, fährt dabei die Wasserflächen präzise auf und ab, von West nach Ost, von Süd nach Nord. Dass sie dabei immer wieder angebliche „Piratenangriffe" auf einen englischen Nachfahren von Sir Francis Drake gefahren sind, ist ihnen nicht klar.

ELEGANTE RENNMASCHINE MIT CHAMPAGNER

Die Medien haben die schnittigen Großsegler schon angekündigt. Katamarane bis zu 30 Meter Länge sind in Kiel an den Start gegangen, haben die Nordsee rund Skagen erreicht und sind nun auf dem Weg zum Mittelmeer. Durch die Nordsee, weit nördlich vorbei an den Ostfriesischen Inseln, dem Ärmelkanal, durch die Biskaya, an Gibraltar vorbei wollen sie bis Marseille segeln. Es sind gute und erfahrene Segler, aber eben bisher nur im Mittelmeer. Klar kann dieses schöne Meer im Süden auch zornig werden und heftige Winde wehen. Aber die Nordsee ist ein seglerisch anspruchsvolleres Revier. Das sollten die Franzosen auf der eleganten „Roger et Gallet" bald zu spüren bekommen. Die großen Regattasegler sind schnell, es geht um die Ehre, große Pokale und viel Geld. In der südwestlichen Nordsee ist Sturm vorhergesagt. Schon auf der Strecke zwischen Skagen und der holländischen Küste nimmt der Wind ständig zu. Aber der französische Skipper ist ehrgeizig. Trotz Windstärken von 8 bis 9 hat er alles an Segeln oben, was sein Katamaran bietet. Die Crew fährt einen harten Am-Wind-Kurs, ein Seitenrumpf des Katamarans hebt sich bedrohlich in die Höhe. Harte Arbeit für die Mannschaft, aber sie ist gut durchtrainiert. Das Schiff ist sehr schnell, die Crew fährt ohne Angst, aber unter großen Anstrengungen. Doch es kommt der Punkt, an dem die Physik dem Ehrgeiz des Skippers die Grenzen aufzeigt. Eine heftige Böe erfasst das Großsegel und der Seitenrumpf hebt sich hoch von der Wasseroberfläche. Der Skipper hält das Ruder fest, luvt nicht an, um den Druck aus dem Segel zu nehmen – und mit einem lauten Krachen bricht der Aluminiummast. Einen Motor hat diese Rennmaschine nicht.

Fritz Brückner und seine „Georg Breusing" empfangen den Notruf der „Roger et Gallet" während ihrer Wache. Die französische Yacht ist scheinbar sehr gut ausgestattet und der Skipper kann trotz der misslichen Lage seine exakte Position nördlich Borkum per Funk an einen in der UKW-Reichweite fahrenden Fischkutter durchgeben. Als die Seenotretter mit voller Kraft den Hafen verlassen und auf die Fischerbalje zusteuern, scheint der Horizont schon bedrohlich nahe. Das dunkle Wolkenmassiv des Sturmtiefs hängt wie zum Greifen nahe über der Insel und rückt wie eine Betonwand näher.

Im heftigen Sturm und mitten in der Nacht finden die Seenotretter die hilflos treibende und in den Wellen rollende taumelnde Yacht sehr schnell. Seenotretter und Yachtsegler verstehen sich, mit Schleppleinen werden die beiden Schiffe verbunden und das Schleppmanöver beginnt. Aber „Länge läuft", sagen Regattasegler. Und das gilt besonders für diese großen Rennmaschinen. Fritz sieht von seinem Steuerstand das Unheil kommen – die geschleppte Yacht nimmt Geschwindigkeit auf. Der Winddruck auf die Rümpfe lässt die Yacht auf den hohen Wellen surfen und sie beginnt, trotz Schleppleine den Rettungskreuzer zu überholen. Rennkatamarane haben keinen Kiel, aber dafür zwei große Schwerter. Und mit einem heftigen Ruck verfängt sich die „Roger et Gallet" mit dem eigenen Schwert in der Schleppleine und steht quer. Zügig werden die Leinen gekappt und das ganze Schleppmanöver aufs Neue begonnen. Fritz entscheidet sich, auf hoher See zu bleiben und Helgoland anzulaufen. Vorsichtig und mit voller Konzentration schaffen sie es, unter Einsatz der Mittelmaschine das rasende Ungetüm mit bis zu 17 Knoten schneller Schleppfahrt nach Helgoland zu bringen. Als die Mannschaft der „Alfried Krupp" den roten Felsen sieht und den Großsegler heil im Hafen abliefert, sind sie sehr froh. Diese Schleppfahrt hat doch sehr an ihren Nerven gezehrt. Viele große Schiffe und kleine Boote haben sie schon gesehen. Doch mit großer seemännischer Neugier gehen sie von ihrem Liegeplatz hinüber zur „Roger et Gallet". Erst jetzt können sie die Größe der beiden 30 Meter langen und schnittigen Rümpfe ermessen. Zwischen den beiden Rümpfen ist in ei-

ner Art Weltkugel die Navigationszentrale eingerichtet. Vollgestopft mit Elektronik, Monitoren und ununterbrochen blinkenden rot, grün und blauen Lämpchen sitzt die Besatzung - sehr elegant und schon wieder alle mit makellos weißen Hosen bekleidet. Dennoch ist Vormann Brückner beeindruckt von dem Einfallsreichtum der französischen Segler. Nach dem Mastbruch haben sie sich eine Notantenne für den Funk gebaut und zwei abgeschlagene Hälse von Champagnerflaschen als Isolatoren eingesetzt. Vive la France! Das hat schon Stil – Notantennen aus Champagnerflaschen. Für die Mannschaft der „Roger et Gallet" ist die Regatta nach Marseille vorbei. Aber sie sind mit Stil ausgeschieden: in weißen Hosen und mit Champagner! Und deswegen gibt es als nächste Mahlzeit auch einen ganz besonderen Leckerbissen, die Krabbensuppe à la Peter Hahn. Die schmeckte ganz sicher auch den französischen Gourmets.

Krabbensuppe à la Peter Hahn

Hierzu benötigt man ca. 2 Kg frische ungepulte Krabben (auf Borkum heißen sie Granat). Diese werden gepult und die Schalen der Krabben in einen kleinen Leinensack gegeben.

Alle nachfolgenden Zutaten werden in ganz kleine Würfel geschnitten:

1. 5-6 Stangen Porree
2. 500 gr. Möhren
3. 1 große Sellerie
4. 1 1/2 Kg Kartoffeln

Dann nehme ich einen großen Topf und löse darin 1 Paket Butter auf. In die heiße Butter gebe ich die Zutaten 1 & 4 und glasiere diese unter ständigem Umrühren in der heißen Butter. Ich füge 2-3 Liter heißes Wasser mit 2 Esslöffeln Salz hinzu, einen Teelöffel schwarzen Pfeffer, 2 Esslöffel klare Rindfleischbrühe (wenn möglich, kann man auch gelierte Rindfleischjuice nehmen). Dann hänge ich den Leinensack mit den Granatschalen in die Suppe und lasse diese nach kurzem Aufkochen ca. 45 Min ziehen.

Anschließend nehme ich den Leinensack aus der Suppe und drücke diesen gut darin aus. Ich schmecke alles noch einmal ab und gebe eventuell noch Salz und Pfeffer dazu (nicht zu stark würzen). Nun fülle ich einen guten Esslöffel von den Krabben in eine Suppentasse und gieße die Suppe darüber, lege einen Esslöffel geschlagene Sahne auf die Suppe und streue etwas frische Petersilie darauf.

Guten Appetit!

Nordsee

Motorboot „Caprice" sucht Helgoland

Geplanter Kurs

„Caprice" hat kein Benzin und wird von „Heike" in Schlepp genommen

DB/4   DB/6

Kümo „Heike" auf Westkurs nach London

„Georg Breusing" schleppt „Caprice" nach Borkum

orkum iff

Spiekeroog   Wang

Langeoog

Baltrum

Norderney

Carolinen

Just

Borkum   Memmert Sand

Norddeich
Norden

Aurich   Wu

Ostfriesland

Wester-   -Ems

Niederlande

Emden

Dollart

IM MOTORISIERTEN SCHUHKARTON
AUF DER NORDSEE

Sie sind ziemlich schnell, diese kleinen hochmotorisierten Flitzer. Mit bis zu 30 Knoten, das sind 55 km/h, und fünfeinhalb Meter lang rast der Bremerhavener Wassersportler mit seinen beiden Freunden damit die Weser hinunter. Es ist ein schöner Sommertag, leider nur mäßige Sicht – aber viele kleine Sportboote tummeln sich auf der Unterweser. Schnell finden sie einen Bremer Clubkameraden, sein Boot ist ein Meter länger, aber genauso hoch motorisiert. Der überredet sie, mit nach Helgoland zu fahren. Helgoland! Das sind gut und gerne 47 Seemeilen - 90 Kilometer - und der Bremerhavener zögert. Denn die küstennahe Nordsee gehört zu den gefährlichsten Revieren in Europa. Sie wird immer wieder unterschätzt. Aber als der Bremer erklärt, die See wäre ruhig und er außerdem ein routinierter Helgolandfahrer mit Karte und Kompass an Bord, lässt er sich überreden. Beide Boote fahren hinaus in die Deutsche Bucht. Aber Helgoland kommt nicht näher und selbst dem „kundigen" Helgolandfahrer kommen Zweifel. Sind sie etwa an dem roten Felsen vorbeigefahren? Das Wetter wird unsichtiger, dicke Nebelbänke treiben in der Deutschen Bucht und die beiden Bootjefahrer verlieren sich aus den Augen. Der „überredete" Bremerhavener und seine beiden Freunde sind nun ganz allein auf hoher See: ohne Karte und ohne Kompass. Sie treffen auf die Tonne E3. Das ist nicht ganz falsch, sagt ihnen aber nichts ohne Karte und verzweifelt suchen sie weiter. Es dämmert und langsam bricht die Nacht herein. Stunden irren sie durch die unsichtige Nacht und entdecken dann die grünen Lichter einer Tonne vor sich: TG 9 steht darauf: Nicht einmal der Skipper weiß, was das bedeuten soll. Dass er sich inzwischen südlich der Schifffahrtsroute Terschelling/Deutsche Bucht nördlich von Juist befindet, ahnt er nicht einmal. Noch ist die See ruhig, aber eine andere Sorge quält den verirrten Bremerhavener: Die Tankanzeige seines Bootes nähert sich bedrohlich dem Zeichen „E" wie „Empty". Das Benzin geht ihm aus, deswegen und weil der Seegang rauer wird, fährt er nur noch sehr langsam. Und doch scheint Rettung zu nahen. Hinter ihm tauchen Positionslichter auf, nähern sich schnell und das Küstenmotorschiff „Heike" tuckert in kurzer Entfernung an ihm vorbei. Das scheint den verzweifelten Bootsfahrern wie die Rettung. Die „Heike" fährt bestimmt in die Elbe, die Jade oder vielleicht sogar in die Weser – und sie folgen ihr hoffnungsfroh. Dem Steuermann der „Heike" kommt das aber nach einigen Seemeilen sehr eigenartig vor. Warum folgt ihm nur dieser kleine Flitzer? Er steuert sein Schiff weiter nach Westen – London ist das Ziel. Er ruft seinen Käpt´n auf die Brücke, sie reduzieren die Fahrt und lassen den kleinen Flitzer längsseits kommen. Die Männer auf dem Boot staunen nicht schlecht, als sie erfahren, wo sie sich befinden und wohin die Reise geht. „Heike" nimmt das Motorboot an die Leine, denn Wind und Seegang haben beträchtlich zugenommen, und Norddeich Radio wird informiert. Von dort rufen sie den Seenotrettungskreuzer „Georg Breusing" auf der Station Borkum. Beinahe 40 Kilometer muss Fritz Brückner fahren, um auf die „Heike" zu treffen. Kümo-Besatzung und Rettungsmänner können wegen des groben Leichtsinns des Bremerhavener „Seemanns" nur den Kopf schütteln. Undenkbar, was passiert wäre, hätten Wind und Seegang früher und schneller zugenommen, die „Heike" nicht aufgestoppt, der Treibstoff eher zu Ende gegangen oder die „Heike" sie gar nicht getroffen hätte. Doch noch waren sie nicht wieder sicher auf Borkum. Wind und Seegang legen weiter zu, schließlich weht es mit runden 8 Bft. Vier Stunden dauert die Schleppfahrt in den Schutzhafen. Dabei sind die Rettungsmänner immer in Sorge, ob die „Spielzeugklampen" an Bord des kleinen Flitzers, an dem die Schleppleine befestigt ist, den Belastungen des Schleppens überhaupt standhalten. Regelmäßig kontrollieren sie, ob der „motorisierte Schuhkarton" überhaupt noch sicher an der Schleppleine hängt. Sie erreichen Borkum, versorgen die drei Männer nach einer heißen Dusche mit trockener Kleidung und einigen Ratschlägen für weitere Seereisen. Das Boot der „Helgolandfahrer" sieht auch sehr „zerrupft" aus. Die Plane des Kabriolett-Verdecks ist nur noch in wenigen Fetzen vorhanden. Die nackten Bügel stehen etwas grotesk über der Plicht. Im Boot das schiere Chaos. Fritz rätselt über den Sinn von Bootsklampen, wie sie auf diesem Boot verwendet wurden.

Gedankenverloren sitzen die Seenotretter in der Back und essen würzige Frikadellen. Wie ist es möglich, dass es immer wieder Menschen gibt, die so unglaublich leichtsinnig mit ihrem und dem Leben anderer umgehen?

Würzige Champignon-Mett-Frikadellen

Ein trockenes Brötchen wird in heißem Wasser eingelegt, bis es weich ist. Zusammen mit kleinen Würfeln von 4 Zwiebeln, einem Ei und einem Kilo Mett vermenge ich alles sehr sorgfältig. Aus dieser Masse forme ich ca. 125 Gramm kleine Kugeln. In der Pfanne werden sie in heißem Butterschmalz langsam braun gebraten, bis sie auch im Inneren ganz durchgebraten sind. Auf einem Blech werden sie im Backofen warmgehalten. Weitere 5-6 große Zwiebeln schneide ich in dünne Ringe, „mehle" sie leicht und brate sie mit 500 Gramm geschnittenen frischen Champignons in einem großen Topf mit heißem Butterschmalz goldbraun.

Meine würzigen Champignon-Mett-Frikadellen serviere ich mit Kartoffelbrei und grünem Salat.

ROUTINE AN BORD

Bei Klaus Wybrands klingelt abends das Telefon in seinem Haus in der Borkumer Süderstraße. Sein Vormann ist an der Leitung und bittet ihn, für fünf Tage zum Dienst als freiwilliger Rettungsmann zu kommen. Ein Mann der Stammbesatzung ist krank und es fehlt ein vierter Mann an Bord. Klaus ist gerne Rettungsmann, hat schon viele gefährliche Einsätze mit seinen Kollegen gefahren und lässt sich nicht lange bitten. Und er ist auch begeisterter Koch, auch für diese besonderen Fähigkeiten schätzen sie ihn an Bord. Morgens um sieben beginnt sein Dienst. Eine große Tüte frischer und knuspriger Brötchen vom Bäcker Müller aus Borkum hat er dabei. Bäckermeister Peter Müller ist der Neffe des legendären Rettungsmanns Christoffer Müller, dessen Einsatz zur Rettung der englischen Seeleute der „Teaswood" den jungen Klaus Wybrands schon als Kind für die Seenotretter begeisterte. Pünktlich um sieben ist er an Bord und übernimmt gerne für die nächsten fünf Tage das Regiment in der Kombüse. Wie jeder Tag beginnt auch dieser mit der ostfriesischen Teezeremonie, eine angenehme Routine.

Vieles an Bord ist Routine. Nur mit einer genau und professionell geordneten Aufgabenverteilung kann die Arbeit an Bord funktionieren. Auf den ersten Blick ist alles ganz klar: Der Vormann hat dafür zu sorgen, dass sein Schiff jederzeit betriebs- und einsatzbereit ist. „Vor allen Dingen hat er darauf zu achten, dass auf dem Feuerlöscher kein Staub liegt", ist die oft erzählte und scherzhafte Bemerkung des Ersten Maschinisten Michael Czipull.

Dieses hat eine Vorgeschichte: An einem Sonnabend war die Mannschaft mit Reinschiff beschäftigt. Fritz kam vom Schuppen und auf dem Achterdeck hörte er, wie Fiete Fresemann zu einem Kollegen sagte: „Door musst Du nochmol bie, hei (Fritz) is ja so seküür (genau)." Es ging wohl um das Putzen von Messing. Fritz tat so, als ob er nichts gehört hätte, ging ins Schiff und fuhr mit dem Zeigefinger über einen in einer Ecke befestigten Feuerlöscher, hob seinen staubigen Finger hoch und warf einen fragenden Blick zu seinen Kollegen, unter dem Hinweis: „Door mut noch een bie". Alle lachten und seitdem war der Feuerlöscher das wohl staubfreiste Teil im Schiff. Wenn Fritz, nachdem er in Ruhestand ging, an Bord kam, wurde ihm noch oft der völlig staubfreie Feuerlöscher gezeigt.

Die Aufgaben an Bord ergeben sich vorrangig erst einmal durch die Funktionen: An

Bord leben und arbeiten Nautiker und Maschinisten. Aber die Maschinisten helfen an Bord und die Decksleute in der Maschine. Äußerlich unterscheiden sie sich nur durch die Farbe der Overalls: rot für die Decksleute und grün für die Maschinisten. Da wo angepackt werden muss, wird gemeinsam angepackt. Die Mannschaft ist ein blendend aufeinander eingespieltes Team, bei dem jeder Handgriff unentbehrlich ist. Die Stammbesatzung des Seenotrettungskreuzers besteht aus acht festangestellten Rettungsmännern. Vier Mann leben immer im Wechsel von 14 Tagen durchgehend an Bord. Die Teams werden jeweils zusammengestellt aus dem Ersten, dem Zweiten und dem Dritten Vormann und den Maschinisten. Fällt einer der Männer der Stammbesatzung wegen Urlaub, Krankheit oder Lehrgängen aus, springen die freiwilligen Rettungsmänner ein.

„Aber wir haben keine Putzfrau, keine Stewardessen und keine Köche", erzählt Klaus Wybrands. Alles macht die Mannschaft selber und gemeinsam. Das Kochen ist dabei eine freiwillige Aufgabe, die von einigen gerne und von anderen nicht so gerne erledigt wird.   Klaus kocht gut und gerne. Ebenso wie sein Vormann Fritz Brückner.

Langeweile gibt es nicht an Bord – immer ist etwas zu tun. Dabei ist das Warten auf Einsätze oft eine große Geduldsprobe für diese Männer. Bei ihren 14-tägigen Wachtörns leben sie auf engstem Raum zusammen. Scherzhaft nennen sie sich oft „Männer-WG": Seeleute, die in den Jahren gemeinsamen Dienstes gelernt haben, sich gegenseitig zu tolerieren. Nur so funktioniert die Zusammenarbeit auf See, wo sich jeder ohne Einschränkung auf den anderen verlassen muss. Und dieses gegenseitige Vertrauen wächst durch die tägliche Routine, den ständigen Wechsel zwischen Arbeit und Freizeit, Wartung von Instrumenten und langen Gesprächen. Während der Freizeit sitzen sie zusammen, erzählen sich von ihren Erlebnissen auf See, schauen fern oder spielen Skat. Vom Schiff entfernen kann sich niemand, bei dem nächsten Einsatz muss jeder auf seinem Posten sein. Der Funk wird zu Routine , denn auch nachts, wenn sie in der Koje liegen, läuft die ganze Zeit der Funk mit. Besonders, wenn es draußen weht, ist immer eine gewisse Anspannung zu spüren. Sobald dann ein „Mayday" fällt, ist alles hellwach und es wird etwas hektischer

an Bord, Koordinaten werden gecheckt. „Sind wir es, die jetzt raus müssen?" Wenn ja, geht alles sehr schnell, wenn der kurze Satz des Vormanns „Wir kommen!" fällt. Dann kommt nur noch das Dröhnen der 3600 PS starken Motoren dazu und sie laufen aus, zu denen, die Hilfe benötigen.

Doch heute bleibt es ruhig. Klaus Wybrands kocht seinen löwenscharfen Schweinerollbraten.

Löwenscharfer Schweinerollbraten

Ein ca. 3 kg großes Stück Schweinerücken schneide ich so auf, dass ein ca. 40 x 30 cm großes ca. 1 1/2 cm dickes Stück Fleisch auf dem Schneidebrett liegt. Danach bestreiche ich dieses Stück Fleisch dick mit scharfem Löwensenf und Tomatenketchup. Mehrere Zwiebeln werden in dünne Scheiben geschnitten und auf das bestrichene Fleisch gelegt. Das Ganze rolle ich dann zu großen Rouladen und fixiere sie mit Rouladenstickern.

Den Backofen heize ich auf 180-200 Grad vor und lasse den Rollbraten in einem Bräter eine halbe Stunde darin gut anbraten. Danach gebe ich warmes Wasser in den Bräter und backe den Rollbraten ca. 2 Stunden bei 160 Grad im Backofen. Damit der Braten nicht trocken wird, ist es wichtig, immer wieder mit einem großen Löffel Flüssigkeit aus dem Bratensud über das Fleisch zu träufeln. Danach nehme ich den Braten aus der Röhre, schneide ihn in jeweils 2 cm dicke Scheiben, lege ihn auf einen Bratenteller und halte ihn im Ofen warm.

Aus dem Bratensud lässt sich eine hervorragende Sauce machen, die evtl. mit einer Mehlschwitze aus Butter und Mehl etwas angedickt und mit Salz und Pfeffer nachgewürzt werden kann.

Als Beilagen gibt es Rotkohl und Salzkartoffeln.

GEBURTSORT: SEENOTRETTUNGSKREUZER

Es ist der 29. Februar - dieser Tag, den es nur alle vier Jahre gibt. Die schwangere Borkumerin geht vorsichtig die Pier entlang und mit Hilfe des aufgeregten werdenden Vaters und der Hebamme macht sie es sich auf der „Georg Breusing" bequem. Vormann Fritz Brückner legt ab und steuert sein Schiff zügig in Richtung Fischerbalje. „Es geht los", schallt es plötzlich durch das Schiff – „das Kind kommt", ruft die Hebamme dem Vormann zu. Fritz zögert nicht lange, macht fast „einen Handstand auf dem Hebel" und der Kreuzer läuft volle Kraft voraus Richtung Emden. Wird der neue Borkumer Erdenbürger an Bord geboren? Möglich ist das, denn der Seenotrettungskreuzer ist ausgestattet wie ein Notarztwagen, eingebettet in die Rettungsketten bei Notfällen. Das Ziel der DGzRS ist humanitäre Hilfe – und dazu gehört manchmal auch die Geburtshilfe. Scheinbar aber ist das kleine Mädchen dann doch zu verwirrt von der ungewöhnlichen Umgebung – und überlegt es sich, doch noch im warmen und geschützten Leib der Mutter zu bleiben. Die „Georg Breusing" rauscht dennoch unbeirrt weiter Richtung Emden und Fritz informiert den Emder Gynäkologen, doch vorsichtshalber zur Knock zu kommen. Das ist ca. 20 Minuten vor Emden, und diese eingesparte Zeit könnte wichtig werden.

Dort steht er dann auch schon mit einem Krankenwagen und übernimmt die werdende Mutter. Es ist inzwischen kurz vor Mitternacht und der Arzt entscheidet sich bei der Knock zu bleiben – zu der Zeit gibt es noch keine Mobilfunktelefone. Der Funk des Seenotrettungskreuzers ist die einzige Verbindung zur Außenwelt. Außerdem möchte er das Kind lieber in einem stehenden Fahrzeug zur Welt bringen. Das gefällt der kleinen Borkumerin: Um kurz nach Mitternacht kommt Maike am 1. März in einem Krankenwagen an der Knock zur Welt. Am Anleger liegt die „Georg Breusing" und fährt mit vier glücklichen Seenotrettern zurück nach Borkum.

Ist die kleine Borkumerin Maike in Sichtweite des Seenotrettungskreuzers zur Welt gekommen, hat sich Ole 2007, zwei Tage vor Nikolaus, nicht so viel Zeit genommen: Er will an Bord geboren werden. Das Wetter ist schlecht an diesem Montagabend. Um 19.30 Uhr erhält die „Alfried Krupp" den Ruf, dass eine bevorstehende Geburt auf Borkum aus ärztlicher Sicht nicht möglich sei. Ein Flug scheidet wegen der Wetterlage aus – also muss der Seenotrettungskreuzer ran.

Der Wind hält sich in dieser Nacht an die Sturmwarnungen der Wettervorhersage.

Heftige Sturmböen peitschen über die Insel, als die junge hochschwangere Frau an Bord kommt. Aber Vormann Michael Haack und seine Mannschaft Kai Uwe Binge, Thomas Baumgärtel und Christian Erdwiens kennen ihr Schiff genau. Trotz heftigen Sturms bringen sie es mit der wertvollen „Fracht" sicher in den „Emmahaven", dem großen Hafenbecken im niederländischen Eemshaven. Es ist 22:17 und Mutter Heike, Vater Jörg, Arzt, Hebamme, Rettungssanitäter und die Seenotretter sind glücklich: Ole ist da, 51 Zentimeter groß und 3.160 Gramm schwer. Ole ist in trockenen Tüchern und reist auf der „Alfried Krupp" um Mitternacht zurück auf seine Heimatinsel. Die ist es tatsächlich, denn er (bzw. seine Eltern) können nun entscheiden, welches sein Geburtsort ist. Berlin (das sieht das Gesetz tatsächlich für diese Fälle vor), Borkum oder der Seenotrettungskreuzer „Alfried Krupp". Für welchen Ort sich auch Oles Eltern entscheiden – Ole wird sein ganzes Leben eine besondere Geschichte über seine Geburt erzählen können, wie er geradezu „tüskendör" Borkum und Holland das Licht der Welt erblickte.

Kesselgoulasch Tüskendör

Zwei große Stücke Rinderschulter schneide ich in 4x4 cm große Würfel. Fünf große Gemüsezwiebeln werden in kleine Würfel geschnitten. Beides wird zusammen in einem großen Topf bei hoher Hitze braun angebraten und mit zwei Liter Rinderbrühe gut aufgekocht. Der Bratensaft löst sich und ergibt eine schöne braune Sauce. Zusammen mit 5 fein gewürfelten Karotten und Kartoffeln lasse ich alles im Dampfdrucktopf 45 Minuten kochen. Das fertige Kesselgoulasch wird mit Mondamin angedickt und ist dadurch schön sämig. Als Beilage passen sehr gut Spätzle und Eisbergsalat mit Sahnesauce.

Oft werden die beiden kochenden Seenotretter Fritz Brückner und Klaus Wybrands gefragt, warum sie mit dem Dampfdrucktopf kochen. Die Antwort ist leicht: erstens geht es schneller und zweitens kann jede Zubereitung des Essens durch einen Rettungseinsatz unterbrochen werden. Der Topf kann schnell fest verzurrt werden, sodass in der Kombüse nichts durcheinanderfliegt. Nach dem Einsatz wird die Zubereitung problemlos fortgesetzt. Die beiden kochen aber auch zuhause gerne mit dem Dampfdrucktopf, weil das Garen des Fleisches immer sehr viel zarter gelingt.

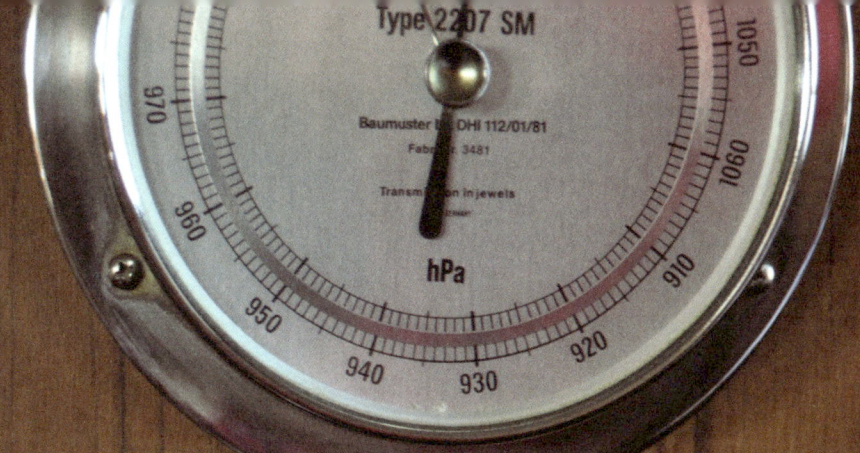

Type 2207 SM

Baumuster DHI 112/01/81

Fabr.Nr. 3481

Transmission in jewels

hPa

Ole — Gebhard *03.12.2007

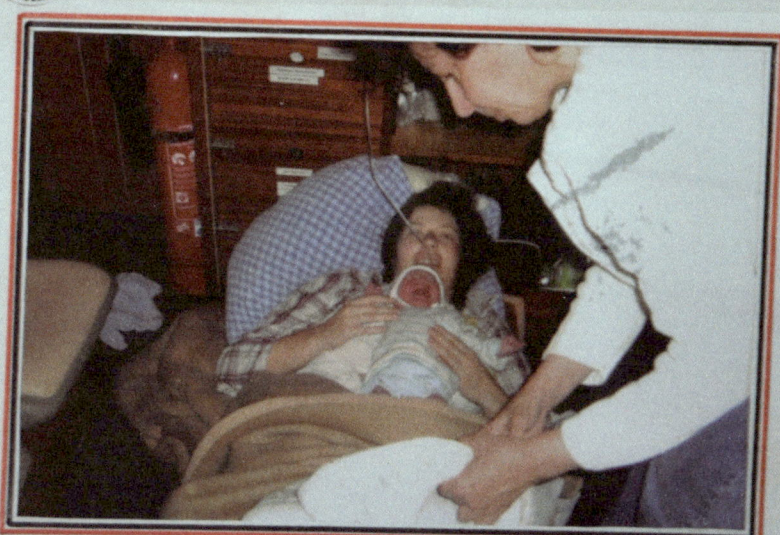

Name: Ole-Gebhard   Gewicht: 3160 g   Länge: 51cm
Ort: SK.: Alfried Krupp   Zeit: 22.17 Uhr
Position: 53°31,65`N.    006°44,66`E.

FEUER AN BORD

„Feuer" – ertönt dieser Notruf aus dem Funk, ist die ganze Mannschaft des See-notrettungskreuzers elektrisiert. Jeder weiß, jetzt kommt es wieder auf jede Sekunde an. Besonders kleine Yachten brennen so schnell, dass es oft nur noch möglich ist, die Menschen zu retten. Für die meisten Schiffe kommt auch die schnellste Hilfe zu spät. Der Vormann empfängt die Information, dass auf einer großen Motoryacht Feuer im Maschinenraum ausgebrochen ist und der Skipper in Not kann noch seine genaue Position durchgeben. Fritz Brückner gibt volle Kraft voraus. Der freiwillige Rettungsmann Klaus Wybrands und seine Kollegen nutzen die Zeit bis zur Ankunft an der Position westlich Borkumriff und bereiten die Löschkanonen für den Einsatz vor. Schon von Weitem sehen sie eine große schwarze Rauchwolke in den Him-mel steigen. Und sie erkennen in sicherer Entfernung zum brennenden Schiff ein Küstenmotorschiff, das zwischenzeitlich die Personen von der Yacht alle an Bord nehmen konnte. So können sie sich sofort um das brennende Schiff kümmern. Der Vormann entscheidet, mit Schaum zu löschen, damit sie nicht zu viel Löschwasser in das Boot pumpen und die Gefahr besteht, die Yacht durch die Menge des Löschwas-sers zu versenken. Es gelingt nach langem Kampf, die Flammen unter Kontrolle zu bekommen und das noch qualmende Wrack mit dem Tochterboot an den Haken zu nehmen. Doch für eine Rettung ist es zu spät. Nur eine Meile können sie die Yacht in Richtung des Borkumer Schutzhafens schleppen. Am späten Nachmittag des schö-nen Sommertages zwingt das eindringende Wasser die Motoryacht in die Tiefe. Die Männer auf dem Tochterboot kappen die Schleppleine und über das Heck sinkt die

schicke Yacht auf den Grund der Nordsee. Nun liegt sie dort 1 ½ Meilen vor Borkumriff in 20 Meter Tiefe.

Feuer an Bord, das ist für jeden Seemann das Schreckgespenst. Und wenn es riesige Frachter trifft, ist die Gefahr besonders groß. Wie am zweiten Weihnachtstag 1984. Die „Blue Spirit" gerät nordwestlich von Borkum in Brand. Die „Georg Breusing" von Borkum und die „Wilhelm Kaisen" von Helgoland laufen aus und beginnen einen stundenlangen Kampf gegen die Feuersbrunst auf dem Stückgutfrachter. Der Lotsendampfer „Kapitän Bleeker" ist in der Nähe, rettet die Mannschaft und nimmt sie an Bord.

Das ist die gute Nachricht, die Vormann Fritz Brückner erreicht. Die schlechte ist allerdings sehr besorgniserregend. Wenn dieser Frachter sinkt und die großen Mengen Schweröl austreten, wird es vor den Ostfriesischen Inseln unvermeidlich zu einer Umweltkatastrophe kommen. Zudem besteht die Ladung aus Düngemitteln und Teerschwellen, auch nicht gerade umweltfreundlich. Fritz nähert sich dem brennenden Frachtschiff von der Luvseite.

Nur 20 Sekunden benötigt jetzt noch der Maschinist zur Vorbereitung. Er öffnet die großen Seeventile, setzt seinen Kopfhörer auf und wartet auf das Kommando von der Brücke. Der Befehl vom Vormann kommt und die Pumpen der „Georg Breusing" saugen 1000 Liter Wasser pro Minute aus der Nordsee und schleudern sie durch die Rohre der Löschkanone. Tausende Liter Meerwasser schießen in Richtung Feuer. Durch Erfahrung und regelmäßiges Training gelingt es ihnen, den Brandherd zu bekämpfen. Die Breusing liegt nun längsseits zum Frachter, die Männer arbeiten hart. Qualm, Hitze und Sprühwasser zehren an den Kräften. Plötzlich zerreißt ein ohrenbetäubender Knall die Luft. In Sekundenbruchteilen erkennen die Männer an

Bord des Rettungskreuzers, was gerade passiert: Der Tagesdieseltank explodiert. Das metallene Deck über dem Tank reißt aus den Nieten und Verschweißungen und hebt sich in die Luft. Aus den darunter liegenden Bullaugen schießen Flammenstrahlen wie aus dem Antrieb eines Düsenjägers. Die Feuerfontäne schießt aus der Bordwand des Frachters und verpufft unter der brennenden Kommandobrücke der „Blue Spirit". Fritz und seine Männer atmen auf. Zum Glück stand keiner vor einem Bullauge.

Inzwischen ist auch „Wilhelm Kaisen" aus Helgoland eingetroffen und greift mit ihrer großen Löschkapazität (20.000 l/min) in das Geschehen ein. Aus diesem und weiteren Bränden zieht man die Lehre, dass größere Rettungskreuzer stärkere Feuerlöschpumpen haben sollten. Die folgenden Neubauten der 27,5m-Klasse erhalten 2 Löschmonitore mit zusammen 36.600 l/min Löschkapazität bei einer Wurfweite von 130m.

Nach stundenlangem Kampf gelingt es ihnen, auch dieses Feuer unter Kontrolle zu halten. Ein Seemann des Frachters ist tot. Die Mannschaften der beiden Seenotrettungskreuzer kehren in ihre Häfen Borkum und Helgoland zurück. Müde und hungrig sind sie, aber sehr nachdenklich, wie nahe am Tod ihre aufopfernde und mutige Arbeit doch ist.

VOLLER EINSATZ

Vierzehn Tage Dienst, vierzehn Tage frei: So ist der Rhythmus des Dienstes für die festangestellte Mannschaft des Seenotrettungskreuzers. Und in dieser Zeit werden sie immer abwechselnd unterstützt durch die freiwilligen Rettungsmänner. Lange Tage und lange Nächte können das werden, in vollem Einsatz unter Aufbietung all ihrer Sinne und Kräfte.

Auch der freiwillige Rettungsmann Klaus Wybrands wird gerufen. Nach drei Wochen Werftaufenthalt ist die „Alfried Krupp" wieder auf ihrer Station in Borkum. Damit die Station besetzt war, hatte man die „Hans Lüken" nach Borkum geholt, die die Alfried für die Werftzeit vertreten sollte. Die Lüken kann jetzt wieder nach Bremen zurückkehren. Die Überführung wird durch ein Crewmitglied der Alfried durchgeführt. Also wird Klaus gebraucht. Wie immer zögert er nicht, sofort seinen freiwilligen Dienst anzutreten.

Gegen 0.30 Uhr bekommen sie von der Wasserschutz-Polizei einen Anruf, dass eine holländische Yacht bei der Einfahrt zum Yachthafen Borkum auf den Leitdamm kurz hinter der Fischerbalje aufgelaufen sei. Manövrierfehler verzeiht die See selten, diesen hier hat sie bestraft. Sofort machen sie das Tochterboot „Gückauf" klar und Klaus Wybrands ist mit seinem Kollegen Christian „Kricki" Erdwiens schon eine

Viertelstunde später bei dem Havaristen. Da aber das Wasser noch zwei Stunden abläuft, können sie im Augenblick nicht helfen. Die See ist ruhig, es gibt kaum Wind, also besteht auch keine akute Gefahr für das aufgelaufene Schiff und seine Mannschaft. Sie kündigen ihre Rückkehr in ca. drei Stunden an, um mit auflaufendem Wasser die Yacht von den Steinen zu ziehen. Mit einem Handfunkgerät ausgerüstet, bleibt der Skipper unbesorgt zurück und wie angekündigt, erscheinen gegen fünf Uhr mit der ersten Morgensonne die Retter wieder bei ihm. Die Flut kommt und das Wasser hebt den Rumpf der Segelyacht langsam von den Steinen. Dennoch dauert es noch zwei Stunden geduldiger Arbeit, bis Klaus und sein Kollege die Yacht am Haken haben und von den Steinen des Leitdamms ziehen können. Es ist alles gut gegangen. Die gelbe Yacht mit dem schönen Teakaufbau liegt sicher an der Pier vor dem Rettungskreuzer und zwei Taucher des örtlichen Wassersportvereins inspizieren das stählerne Unterwasserschiff. „Kein Schaden zu sehen", melden die beiden und machen den Skipper und seine Frau endgültig wieder glücklich.

Und Klaus Wybrands, den alle an Bord auch wegen seiner Kochkünste schätzen, macht nun seine Kollegen mit einer maritimen Köstlichkeit glücklich. Pünktlich um 12:00 gibt es immer Mittagessen an Bord und heute gibt es gebratenen Lachs mit Krabbensauce. Geerd Byl, Inhaber von Byl´s Fisshus, hat Klaus vier schöne große Scheiben frischen Lachs eingepackt: „Für die Jungs", meint er freundlich, denn als Fischer war er selbst viele Jahre oft wochenlang draußen auf See. Und er weiß, wie wichtig gutes Essen an Bord eines Schiffes ist. Und dazu gehört auch gebratener Lachs.

Gebratener Lachs an Krabbensauce Lukull

Die Lachsscheiben werden unter fließendem Wasser gut gewaschen und mit Küchen-krepp vorsichtig abgetupft. Die Scheiben bestreue ich dann von beiden Seiten mit einer Fischgewürzmischung, wende sie in Mehl und brate sie in erhitzter Butter gold-braun.

Dazu erhitze ich einen Liter Sauce Hollandaise von Lukull (ohne Geschmacksverstär-ker) und verfeinere sie mit einem Esslöffel Krebsbutter zu einer maritimen Köstlich-keit. Kurz vor dem Servieren gebe ich noch 250 g gepulte Nordseekrabben (Granat) hinzu. Die gebratenen Lachsscheiben serviere ich auf dem Teller, bedeckt mit der Krabbensauce.

Als Beilage gibt es Salzkartoffeln und einen grünen Blattsalat mit süß-saurer Sah-nesauce aus Sahne, Zitrone und Zucker.

Doch der zweite Einsatz des Tages lässt nicht lange auf sich warten. Das köstliche Mittagessen ist gerade vorüber, als ein Notruf eines holländischen Plattbodenschif-fes eingeht. Der Skipper hat falsch navigiert und ist direkt in das Blinde Randzelgat gefahren. Das schwere 35 Meter lange Schiff setzt auf und beschädigt dabei seine Schraube. Zwanzig meist jugendliche Passagiere sind an Bord. Plattbodenschiff zu fahren macht sehr viel Spaß und wird gerne von älteren Schülern als Klassenfahrt genutzt. Doch das Schiff ist stabil, das Wetter ruhig und das Tochterboot „Glückauf" stark genug, es auf den Haken zu nehmen. Dennoch liegen zwei Stunden harter Ar-beit vor ihnen, denn der Sog des Randzelgats steht bei auflaufend Wasser mit seinem starken Strom gegen sie. Nach zwei Stunden quälend langsamer Schleppfahrt bugsie-ren sie das Schiff an die Südseite der Pier 2, direkt gegenüber der „Alfried Krupp".

Für Klaus ist der Tag noch lange nicht vorbei: Denn heute haben sich seine Kollegen für das Abendessen die Pizza Alfried gewünscht. Und diesen Wunsch möchte er ihnen natürlich auch erfüllen.

Pizza Alfried

Mehl, etwas Salz, Olivenöl und in lauwarmem Wasser aufgelöste Hefe werden zu einem lockeren Teig geknetet. Zwei Stunden braucht der Teig jetzt Ruhe, um zu "gehen". Dann rolle ich ihn auf einem gut gemehlten Untergrund aus, lege ihn auf ein Blech und bestreiche ihn mit einer gewürzten Tomatensauce.

Danach belege ich den Teig reichlich mit gekochtem Schinken, Salami und Käse. Darüber streue ich geriebenen Goudakäse und schiebe das Blech in einen auf 220 Grad vorgeheizten Backofen. Nach ca. 10 Minuten ist die Pizza fertig.

Klaus Wybrands und seine Kollegen fallen müde in ihre Kojen. Sie wissen, was sie heute getan haben. Und sie haben es gerne getan und schlafen mit der Gewissheit ein, dass es gut war, was sie heute geleistet haben. Aber 14 Tage Dienst, 24 Stunden rund um die Uhr, heißt eben auch 14 Tage Dienst, 24 Stunden immer dienst- und auslaufbereit zu sein. Gegen 23:00 Uhr nähert sich in hoher Geschwindigkeit mit Blaulicht und Martinshorn ein Krankenwagen der Brücke 2 des Borkumer Schutzhafens. Ein Kurgast hat einen Herzinfarkt erlitten und muss in eine Klinik gebracht werden. Während die beiden Ärzte und Rettungssanitäter den Patienten versorgen, steuert der Vormann die „Alfried Krupp" hinaus in die Nacht. Klaus Wybrands steht bei ihm auf der Brücke. Beide schweigen und hoffen, dass das Herz des Mannes unter Deck nicht aufhören wird zu schlagen. Später werden sie erfahren, dass der Mann und sein Herz es geschafft haben.

Fritz Brückner erinnert sich. Er kennt diese Tage und Nächte, die nur mit vollem Einsatz zu bestehen sind. Dezember 1973. Der legendäre Wilhelm Eilers ist Vormann und Fritz einer seiner Rettungsmänner an Bord der „Georg Breusing". Das Wetter ist normal, so, wie es eben üblicherweise im Dezember an der Nordsee ist: unsichtig, Regen, Wind, Mistwetter eben. Draußen auf See unter Wasser ziehen die großen Kabeljauschwärme von Westen nach Osten. Wie jedes Jahr kommen sie aus dem Atlantik durch den Ärmelkanal, erreichen Borkum und ziehen weiter um Helgoland herum und Sylt vorbei nach Norden. Und über Wasser warten die Fischer schon auf sie, Kutter aus Finkenwerder und aus der Ostsee. Kurz vor dem englischen Kanal warten sie auf die Fische und ziehen mit ihnen nach Osten. Zu acht Schiffen sind sie jetzt zusammen. Tagelang haben sie schon gefischt, die Bäuche ihrer eisgefüllten Kutter füllen sich immer mehr mit der kostbaren Fracht. Doch das Wetter wird immer schlechter. Die Fischer entschließen sich, ihre Netze einzuholen, im Windschatten der Insel in der Westerems Schutz zu suchen und Borkum anzulaufen. Die Fischer arbeiten die Nacht durch an Deck im gleißenden Licht der Deckslaternen. Kurz und direkt hintereinander laufen sie am Südstrand vorbei, an backbord sehen sie das nächtliche Borkum und vor sich die Fischerbalje. Der Strom ist stark hier, bis zu drei Knoten schnell drückt das Wasser der Emsmündung bei auf- und bei ablaufendem Wasser. Der Kapitän des vorausfahrenden Kutters aus der Ostsee ist erstmals hier. Es ist diesig und das helle Deckslicht blendet ihn. Das Wasser ist schon hoch aufgelaufen, der Leitdamm unter Wasser und der Kapitän sieht das Licht der grünen Tonne voraus an Steuerbord. Viel zu spät erkennt er den roten Sektor des Lichtes am Turm der Fischerbalje – da ist es schon zu spät. Er ist aufgelaufen. Zwischen ihm und dem grünen Licht der Tonnen auf der Steuerbordseite des Fahrwasser in Richtung Borkumer Schutzhafen ist noch der Leitdamm. Und das Unfassbare passiert – wie die Lemminge folgen die anderen Kutter ihm. Immerhin sind es erfahrene Schiffsführer, aber alle laufen auf die Bänke an der Backbordseite der Fischerbalje.

Vormann Wilhelm Eilers, Fritz Brückner und die Kollegen machen keine große Sache daraus, als sie gerufen werden. Aber sie wundern sich schon, warum es so schwierig ist, das „Loch" der Fischerbalje zu treffen. Seenotrettung bedeutet für sie, nicht nur einen großen Tanker vor Sylt vor dem Auflaufen zu stoppen, sondern auch die tägliche Routinearbeit, auf See bereit zu sein. Ohne Hektik holen sie die Kutter von den Bänken, einen nach dem anderen. Dass die hölzernen Fischkutter sehr großes Glück gehabt haben, erfahren sie erst später von ihren Rettern. In den Sandbänken nördlich der Fischerbalje stehen noch immer vom Sand verdeckte Eisenpfähle - die Reste einer sehr alten Anlegestelle. Das hätte sehr unschöne Löcher in die hölzernen Bootsrümpfe reißen können.

Heute Mittag gibt es, dank der Fischer vom Vortag, die sie von der Sandbank holten: Gebratene Scholle Randzel.

Gebratene Scholle Randzel

Dazu wasche ich die Scholle und schabe die Schuppen mit einem scharfen Messer ab, schneide sie der Länge nach oben ein und würze sie mit einem Fischgewürz, wende sie danach in Mehl und brate sie auf beiden Seiten goldbraun. In der Zwischenzeit würfele ich durchwachsenen Speck und Zwiebeln und brate beides in einer separaten Pfanne an und gebe Krabben dazu.

Dieses wird auf die fertig gebratene Scholle gegeben und mit Salzkartoffeln serviert. Dazu gibt es grünen Salat mit Sahne-Dressing. Zitrone, Zucker und Sahne mit dem Schaumbesen verrühren und über die gewaschenen Salatblätter geben.

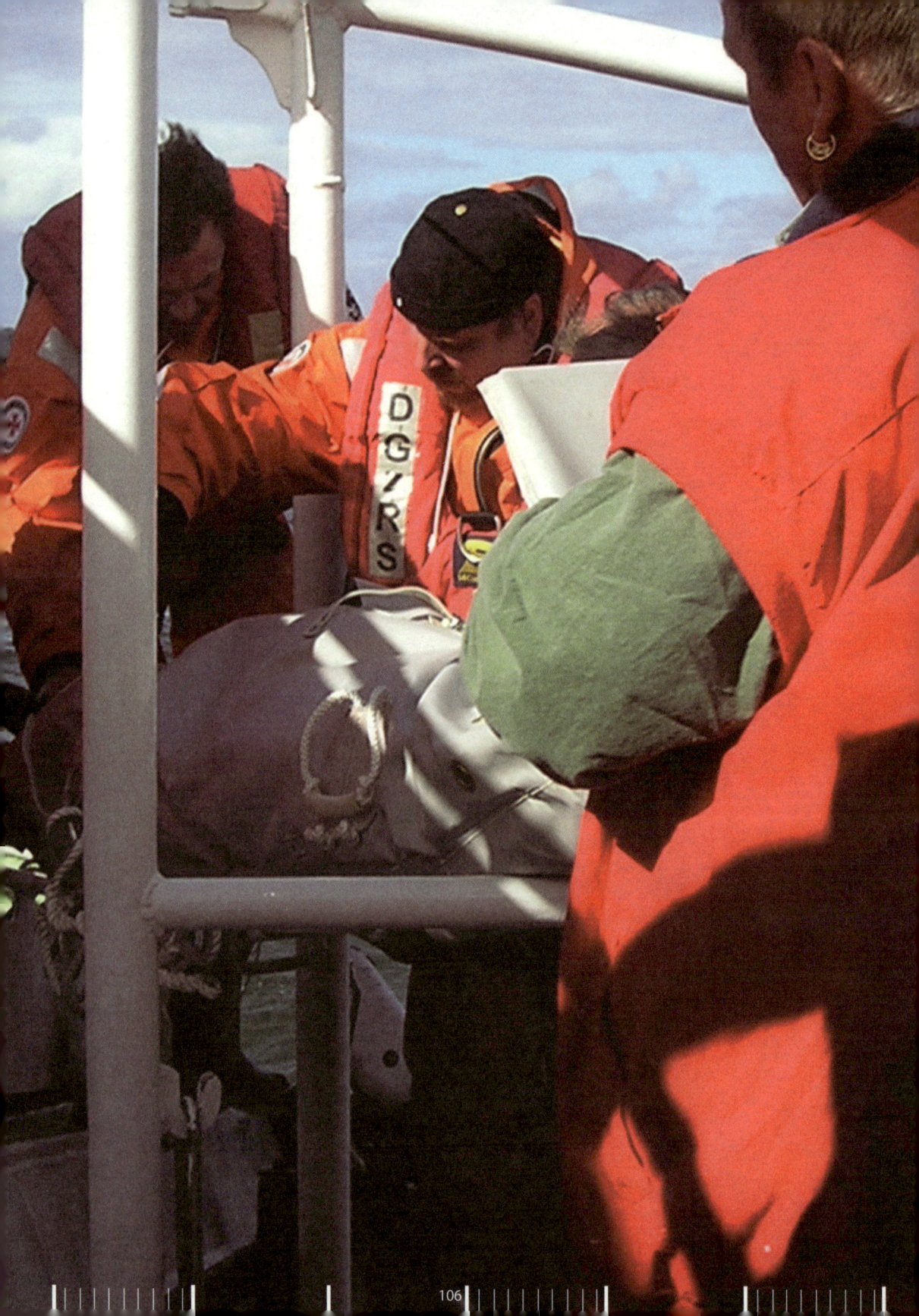

VERLETZTER AUF FRACHTER

Das nasse Dreieck, so nennen die Seeleute die Mündungsgebiete von Ems, Weser und Elbe. Diese Region vor der deutschen Nordseeküste und den Ostfriesischen Inseln gehört zu den am dichtesten befahrenen Wasserstraßen der Erde. Tausende von Frachtern, Tankern, Küstenmotorschiffen und Fischkuttern passieren dieses Gebiet pro Jahr. Und auch deswegen ist es ein Operationsgebiet von SAR – Search and Rescue – Suchen und Retten. SAR ist ein internationales Verbundsystem der Seenotrettung, welches rund um die Uhr mit seinen Einsatzzentralen, den Schiffen und den Männern der DGzRS funktioniert.

Zu diesen Männern – von Literaten respektvoll „Retter ohne Ruhm" genannt – gehören auch die Borkumer Besatzungen der „Alfried Krupp". Mit vorgewärmten Motoren liegt das Schiff an der Pier im Schutzhafen, innerhalb von weniger als vier Minuten ist es so auslaufbereit. Und eines der vielen Frachtschiffe draußen auf der Seeschifffahrtsstraße „German Bight Western Approach" braucht Hilfe. Alarm in der Seenotleitung Bremen: Das Alarm Module sendet seinen hellen und nicht zu überhörenden Ton – alle Mitarbeiter hören es. Bremen Rescue Radio: 24 Stunden lang wird der UKW Kanal 16 abgehört – die Frequenz für Notrufe. Auf jeden Notruf wird sofort reagiert. Bei der Alarmierung setzt die DGzRS modernste Funk-und Ortungssysteme ein. Alle Informationen laufen in der Bremer Seenotleitung zusammen. Von dort wird die „Alfried Krupp" in Gang gesetzt. Erreicht die Mannschaft auf einem anderen Weg einen Notruf, muss der Vormann aber nicht erst auf grünes Licht aus Bremen warten. „Die Entscheidung liegt bei mir", erklärt Vormann Fritz Brückner. Auf der Fahrt zum Einsatzort bleibe noch genügend Zeit, um die Zentrale über die Notlage zu informieren oder eventuell weitere Hilfe anzufordern.

Über die Einsatzzentrale MRCC in Bremen, das Maritime Rescue Coordination Centre, erhält Vormann Fritz Brückner den Notruf. Auf einem Frachtschiff draußen auf See hat sich ein Matrose schwer verletzt. MRCC bittet unbedingt, auch einen Arzt mitzunehmen. Dr. Norbert Pöschke, Arzt auf Borkum, ist informiert und fährt oberhalb der Pier auf den Parkplatz. Zügig eilt er an Bord und Vormann Fritz Brückner läuft aus. Mit voller Leistung lässt er die Maschinen der „Alfried Krupp" laufen und lässt Borkum hinter sich. Der Mediziner hält zwischenzeitlich dauerhaften Funkkontakt mit dem Kapitän des Frachtschiffes. Dem Verletzten geht es sehr schlecht. Eine große und schwere metallene Luke ist dem Mann auf den Unterarm gefallen, hat ihn zertrümmert und teilweise abgetrennt. Lebensgefahr! Mediziner Pöschke informiert sich ständig über den Zustand des Seemanns. „Schneller, schneller!", denken Fritz Brückner und Norbert Pöschke. Und die Motoren des Seenotrettungskreuzers geben alles, was sie haben. Sie erreichen den Frachter, der außerhalb des Schifffahrtsweges nur mit ganz langsamer Fahrt auf die Hilfe wartet. Ohne zu zögern und mit all seiner Routine eines erfahrenen Kapitäns steuert der Vormann den Rettungskreuzer an die Leeseite, die dem Wind abgewandte Seite, des großen Frachtschiffes. Schon während der Fahrt bereiten die Rettungsmänner an Bord die Krankentrage vor. Der Arzt ist nach den Informationen, die er über Funk erhalten hat, überzeugt, dass der Verletzte abgeborgen und in eine Klinik gebracht werden muss. Das Fallreep wird herabgelassen und Dr.Pöschke beginnt den Aufstieg über die schwankende Seilkonstruktion. Seit Jahren ist er freiwilliger Rettungsarzt der Gesellschaft und kennt sich aus. Langsam, Stück für Stück, hangelt er sich sicher an der hohen Bordwand hoch. Die Leinen sind nass und die schmalen hölzernen Trittstufen glitschig. Neben ihm an einer separaten Leine ziehen die Seeleute seine Arzttasche hoch. Ohne zu zögern geht Norbert Pöschke zu seinem Patienten. Seine Befürchtungen bestätigen sich, der Mann ist sehr schwer verletzt und muss sofort in ein Krankenhaus.

Er lässt die Klinik über Funk vorwarnen und die Trage hochziehen. Die kräftigen Arme der Seeleute des Frachters hieven die rote Wanne hoch. Eine Viertelstunde später ist der Verletzte medizinisch für den Transport versorgt und die Krankentrage wird an der nassen Bordwand entlang abwärts gefiert. Die Mittelleine zieht straff und von unten halten zwei Decksleute an Bord der „Alfried Krupp" eine Vor- und eine Achterleine fest. Es gelingt ihnen, dass die Krankentrage nicht gegen die Bordwand schlägt, denn das würde dem Verletzten zusätzliche Schmerzen bereiten. Dr. Pöscke folgt über das Fallreep zurück an Bord des Kreuzers und Fritz lässt sein Schiff mit voller Fahrt voraus laufen. Mit dem „Hebel auf dem Tisch" meldet sich der Vormann beim MRCC in Bremen und kündigt die Fahrt zum Eemshaven an. Derweil ist unter Deck auch das ganze medizinische Fachwissen des Arztes gefragt: Der Patient kollabiert, sein Kreislauf bricht zusammen und Norbert Pöschke hält ihn mit Infusionen stabil. 45 Minuten schnellstmöglicher Fahrt liegen hinter ihnen, als Fritz Brückner sein Schiff an die Pier im Eemshaven bringt. Dort wartet bereits der alarmierte Krankenwagen, übernimmt den Patienten und rast mit großer Geschwindigkeit Richtung Klinik Groningen. Die Mannschaft und der Rettungsarzt schauen dem Wagen hinterher. Sie haben alles getan, was zu tun war. Nun liegt das Schicksal des Seemanns in anderen kompetenten Händen. Die „Alfried Krupp" nimmt Kurs auf Borkum und wartet auf neue Einsätze.

Nach mehreren komplizierten Operationen und langem Aufenthalt in der Klinik wird der Seemann Wochen später das Krankenhaus verlassen. Auch dank der schnellen Hilfe der Mannschaft des Borkumer Seenotrettungskreuzers und der professionellen Unfallerstversorgung durch den Arzt Norbert Pöschke konnte der Arm des

Mannes gerettet werden. Nur eine große Narbe bleibt zurück und erinnert ihn sein Leben lang an seinen Unfall und seine Rettung.

Herzhafte Graupensuppe

Dieses Gericht wird von der älteren Generation völlig unverdient mit schlechten Nach-kriegszeiten in Verbindung gebracht. Deshalb gerät es langsam fast in Vergessenheit. So wie wir es kochen, wird daraus ein "Lieblingsessen" aller Generationen.

Zutaten:
Salzfleisch vom Rind (pro Person 200 -250g)
1 Schwarte vom geräucherten Schinken, ersatzweise Schinkenwürfel
Fleischbrühe (ohne Salz, aus Knochen zubereitet)
Pro Person eine Teetasse Graupen (am besten die dicken "Kalberkusen") deutsch: "Kal-berzähne", nicht gewaschen.

Nach Belieben:
Kartoffeln, süße Sahne, Curry-Pulver, Butterschmalz, Karotten, Muskat, Schweine-schmalz, Zwiebeln, Rapsöl, Sellerieknolle, Porree, Backpflaumen.

Das Salzfleisch lege ich einige Stunden in Frischwasser, Dauer je nach Salzgehalt. Dann gare ich es schnittfest zusammen mit der Schinkenschwarte in frischem Wasser mit einer dicken, mit ein paar Nelken gespickten Zwiebeln und zwei, drei Lorbeer-blättern. Ich nehme das Fleisch und die anderen Zutaten aus der Brühe. Wenn man Schinkenwürfel verwendet, bleiben diese in der Brühe.

Ich gebe Fett in einen Suppentopf, erhitze es (darf nicht "rauchen") und lasse die ungewaschenen Graupen darin etwas "angehen". Das klein geschnittene Gemüse füge ich hinzu und rühre fleißig, damit nichts anhängt. Nach drei, vier Minuten gieße ich es mit der Brühe auf und gare es.

Das Fleisch schneide ich in kleine Stücke. Wenn Graupen und Gemüse gar sind, gieße ich süße Sahne an und würze mit Curry-Pulver und Muskat. Ich reduziere die Hitze stark (bei Gasherd) oder schalte den E-Herd ab.

Sollte das Gericht zu "flau" schmecken, kann mit Fleisch- oder Gemüsebrühe-Fertig-produkte oder für mehr Rauchgeschmack (soll eigentlich aus der Schinkenschwarte kommen) mit Rauchsalz nachgewürzt werden. Das klein geschnittene Rindfleisch und die Backpflaumen zufügen und ca. 10 Minuten ziehen lassen.

ZU FUSS VON GREETSIEL NACH BORKUM

Es ist ein kalter Wintertag in diesem Januar 2002. Aber wie oft bei Ostwind, scheint auf Borkum und an der ostfriesischen Küste die Sonne. Es soll ein wunderbarer Tag werden, haben die Meteorologen vorausgesagt. Gegen Mittag ziehen die beiden Männer aus Greetsiel los. Beide sind erfahrene Wattläufer und wollen die besonderen Wetterverhältnisse nutzen. Nur an sehr wenigen Tagen im Jahr und dann nur für die Frist von ganz wenigen Stunden können sie die Nordseeinsel Borkum zu Fuß vom ostfriesischen Fischerstädtchen Greetsiel erreichen. Sie haben sehr genau gerechnet, dass sie warten müssen bis zu den Tagen exakt um Neumond oder Vollmond. Das ist die Zeit der Springtide mit besonders hohem Hochwasser, aber auch besonders niedrigem Niedrigwasser. Kommt dazu noch Ostwind, wird das Wasser des Watts noch zusätzlich nach Westen hinaus in die Deutsche Bucht gedrückt. Und genau diese Bedingungen treffen der deutsche und der niederländische Wattführer heute an. Wenn sie sich nicht verrechnet haben, werden sie fast trockenen Fußes die Nordseeinsel Borkum über das Watt erreichen. Nur an wenigen Stellen werden sie kurz durch höchstens 40 Zentimeter tiefes Wasser waten müssen. Denken sie zumindest. Die beiden Männer wandern mit zügigen Schritten durch die endlos scheinende Landschaft des Wattenmeers. Sie sind gut durchtrainiert und sie kennen durchaus die Gefährlichkeit des Watts. Aber haben sie sich verrechnet? Sie haben das Festland von Greetsiel schon weit hinter sich gelassen, als die ersten Zweifel an ihnen nagen. Sie schauen sich an: Warum läuft das Wasser schon wieder auf? Und warum kommt es schneller, als sie in ihren Berechnungen vorausgesagt haben? Sie haben sich verrechnet!

Die Sicht ist sehr gut und in weiter Entfernung liegt ein Segler im Blinden Randzelgat, südöstlich des Borkumer Fährhafens vor Anker. Er wundert sich über die beiden kleinen schwarzen Punkte, die sich in der durch die Sonne flirrenden Luft bewegen. Ein Blick durch sein Fernglas gibt ihm Gewissheit: Da laufen tatsächlich zwei Menschen in Richtung Borkum. Der Bootsfahrer greift zum Funkgerät und ruft über Kanal 16 die „Alfried Krupp" im Borkumer Schutzhafen. Dort haben heute Vormann Andreas Brensing, Hanno Renner und der freiwillige Rettungsmann Klaus Wybrands Dienst.

Der Vormann schickt seine beiden Rettungsmänner ins Tochterboot, die „Glückauf" rauscht die Heckklappe hinunter und fährt auf direktem Weg zum Standort des ankernden Wassersportlers. Die Zeit wird knapp, es dämmert schon und die Tide ist „gekippt", es ist Flut. Die beiden Männer sind nicht mehr zu sehen. Um kurz nach 16 Uhr wird es dunkel sein. Der Vormann bespricht über Funk mit der Einsatzzentrale MRCC in Bremen die kritische Situation. Die Männer dort erkennen sofort den Ernst der Lage und informieren den Rettungshubschrauber. Mit den Suchscheinwerfern kämpfen sich die beiden Rettungsmänner immer tiefer in die sich schnell füllenden Priele zwischen den Sandbänken hinein. Der Hubschrauber – mit Wärmebildkameras ausgerüstet – kreist über ihnen. Die Retter machen sich große Sorgen um die beiden Wattläufer. Es ist inzwischen dunkel geworden und sie wissen, dass die Wassertemperatur nur wenige Grad über Null beträgt. Finden sie die Männer nicht bald, werden sie ertrinken. Doch 150 Meter vor ihnen entdecken sie die beiden. Schon bis über die Hüfte im Wasser versuchen sie, die ehemalige Bohrinselgründung Randzel Z1 im Watt zu erreichen, der einzige Punkt weit und breit, der bei Hochwasser nicht überflutet wird. Auch der SAR-Hubschrauber hat die beiden Männer gesehen und taucht das Wasser um sie herum in gleißendes Scheinwerferlicht. Doch die Zeit drängt weiter, es ist sehr kalt, die Männer im Wasser unterkühlt und in Lebensgefahr. Klaus Wybrands und Hanno Renner bleiben so lange stand-by, bis die Mannschaft des großen Helikopters die zwei Männer aufwinscht und abdreht in Richtung Klinik Wilhelmshaven.

Nach drei Stunden kehren die beiden zurück zur „Alfried Krupp". Langsam nähern sie sich mit dem Tochterboot dem Heck des Seenotkreuzers. Mit einem leichten Ruck setzt der Steuermann den Bug in die geöffnete Klappe. Das Stahlseil greift sich den Bug und zieht das Tochterboot über die hintereinander angelegten Rollen am Boden der Heckwanne. Das Tochterboot rastet in den stählernen Verschluss ein und ist wieder zuhause.

Der Vormann meldet Schiff und Mannschaft wieder einsatzbereit. Von den Kollegen in Bremen erfahren sie noch am Abend, dass es den beiden Wanderern gut geht und sie sich wohl außer einer kräftigen Erkältung nichts Weiteres eingefangen haben. Da schmeckt den Männern an Bord das Abendessen dann besonders gut. Es gibt die Fischsuppe Borkumriff.

Fischsuppe Borkumriff mit Muscheln und Krabben

Ca. 1 kg Fisch vom Fischhändler, möglichst von verschiedenen Fischen, die Schalen von 1 Pfund Granat, 2 mittelgroße geschnittene Zwiebeln, 1-2 Knoblauchzehen, Suppengrün, Lorbeer, Senfkörner, Pfefferkörner, Fischgewürz, wenn möglich Bündel Kräuter (auch Tiefkühl).

Ich setze alles mit kaltem Wasser gut bedeckt auf, koche es auf und lasse es 30 Minuten bei mittlerer Hitze köcheln. Danach durchseihen und den Fond für die Suppe behalten. Inzwischen dünste ich 2 Kabeljaufilets und 4 Buttfilets in Wein und Champignonfond im Extratopf. Den Fisch schneide ich vorher in mundgerechte Stücke. Vorsicht, nicht zerfallen lassen!

Für die Einlage:

1 kleine Dose geschnittene Champignons, Fleisch von einem 1 Pfund Granat, ca. 400 gr. Muschelfleisch (kann auch weniger sein)

Eine Mehlschwitze von 60 Gramm Butter und 70 Gramm Mehl gieße ich mit ca. 1,5 - 1,75 Liter Fischfond auf, koche sie gut durch und schmecke sie dann ab. Mit 2 Eigelb mit Sahne verrührt legieren. Fischstücke, Muscheln und Champignons hinzugeben. Das Krabbenfleisch gebe ich auf einen Teller und gieße die heiße Suppe darüber!

Als Beilage zum Schluss bestreiche ich getoastetes Weißbrot mit Knoblauchbutter. Man kann in die fertige Suppe vor dem Servieren auch eine gepresste Knoblauchzehe einrühren (kann, muss aber nicht sein).

142 WATTWANDERER IN LEBENSGEFAHR

25. Juni 1992, ein schöner und warmer Frühsommertag an der Nordsee. Es ist gute Sicht und die Holländer genießen den Tag. 142 von ihnen stehen an der Küste der Provinz Groningen, vor ihnen die Weite des Uithuizerwatt. Am Horizont erkennen sie die Silhouette des Neuen Leuchtturms auf Borkum und die kleine Insel Rottumeroog. Die Stimmung ist gut unter ihnen. Alle sind Mitarbeiter der niederländischen Aegon-Versicherung. Es soll ein besonderer Betriebsausflug werden, auf den sich die 18- bis 50-jährigen Mitarbeiter seit Wochen freuen. Die Firma hat die Tour sorgfältig vorbereiten lassen und zwei erfahrene Wattführer der Stiftung Wattenläufervereinigung Uithuizen engagiert. Gut ausgerüstet mit Kompass, zwei Funkgeräten, Notsignalen und Rucksäcken voll trockener Wechselkleidung wandern sie los. Drei Stunden wollen sie unterwegs sein nach Norden bis zu einem beprickten Fahrwasser und sich dort von einem Boot holen lassen. Zwei Stunden sind sie schon unterwegs, genießen die einzigartige Stimmung des Watts und lauschen den kundigen Erklärungen ihrer Wattführer. Den beiden gefällt aber gar nicht, dass die Sicht immer schlechter wird. Ohne Vorankündigung wird es immer diesiger und trotz Kompass wird die Orientierung schwierig. Sie wissen, dass sie den Punkt, an dem eine Rückkehr zur Küste noch möglich ist, bereits überschritten haben. Sie müssen also weiter zu der vereinbarten Stelle, an der das Boot auf sie wartet.

Das Uithuizer Watt fällt bei Niedrigwasser zwischen 1,40 und 2 Metern trocken, aber dazwischen gibt es flache Stellen, die nur 30 Zentimeter hoch trocken sind. Die Sicht verschlechtert sich weiter und die ersten Wanderer werden unruhig. Was geht da vor sich? Kennen sich unsere beiden Wattführer gut genug aus? Die erfahrenen Wattläufer beruhigen ihre Gäste und bitten sie, stehen zu bleiben. Einer der beiden geht mit seinem Funkgerät in der Hand voraus, um zu prüfen, ob sie hindurch kämen. Priele mäandern durch das Watt in vielen Krümmungen und Biegungen und sie verändern sich schnell. In den Tagen vorher hat es gestürmt und das Wetter war schlecht. Besonders an diesen Tagen suchen sich die Wassermassen oft andere und neue Wege durch das sandige Watt. Vielen der Wanderer gefällt diese Situation gar nicht, sie haben Angst. Langsam taucht der Wattführer in die diesige Wand ein und ist schon nach 250 Metern nur noch schemenhaft zu erkennen. Mit Blick nach vorn übersieht er ein tiefes Wasserloch, stürzt, versucht sich abzustützen und dabei wird sein Funkgerät nass. Sein lauter Fluch von vorn schreckt die anderen auf. Ein Klatschen von Wasser und ein weiterer sehr lauter Fluch kommen von dort. Schnell eilt der zweite Wattführer nach vorn, um seinem Kollegen zu helfen. Der steht immer noch bis zur Hüfte im Wasser. Sein Kollege, inzwischen auch schon sehr nervös, reicht ihm die Hände um ihn hochzuziehen – und auch sein Funkgerät klatscht auf die Wasseroberfläche. Gut, dass er es an einem Gurt über der Schulter befestigt hat und das Gerät schnell wieder aus dem Wasser ziehen kann. Eines ist ihnen klar: Den ihnen bekannten Weg gibt es nicht mehr, die Priele haben sich verworfen und ihre Richtung geändert. Zurück können sie auch nicht mehr gehen, die Route füllt sich bereits langsam wieder mit dem auflaufenden Wasser. Sie führen die ihnen anvertrauten 140 Frauen und Männer auf den nächstgelegenen höchsten Sand und setzen einen Notruf ab. Doch das Wasser hat das übrig gebliebene Funkgerät scheinbar sehr beschädigt. Noch gelingt es ihnen, einen Ruf zu senden – doch dann erlischt die Kontrollleuchte. Der Funk ist tot. 142 Frauen und Männer, ohne funktionierendes Funkgerät, eingeschlossen von riesigen Mengen Nordseewassers.

Borkum, zur gleichen Zeit. Auch Vormann Fritz Brückner und seine Besatzung Rolf Nowak, Fiete Fresemann und Theo Fischer genießen den Frühsommertag. Sie essen zu Mittag, machen Reinschiff und legen sich zur Mittagspause auf ihre Kojen. Wie immer läuft der Funk hörbar für alle mit. Fritz stellt den Dämpfer des Gerätes an Bord der „Alfried Krupp" immer so fein ein, dass möglichst auch schwach eingehende Rufe empfangen werden können. Er schaut erstaunt von seinem Buch auf. Was ist das da im Funk auf UKW-Kanal 16? Nur abgehackt hört der Vormann die Wörter „…..Uithuizen….Groninger Watt….Rottum….Wattloper….". Kaum versteht er es. Dennoch hat der erfahrene Seemann im Laufe seines Berufslebens die Sensibilität entwickelt, an Stimmlagen zu erkennen, ob sich jemand nicht wohlfühlt. Doch diese Stimme dort aus dem Äther hat kein freundliches „Moin" gerufen. Fritz spürt, da ist jemand in Not! Er versucht, Kontakt aufzunehmen, ruft auf Deutsch und auf Niederländisch – keine Antwort. Nun fängt er an zu telefonieren: Norddeich Radio arbeitet noch, die Revierzentrale Ems-Traffic an der Knock, das deutsche Lotsenschiff „Kapitän Bleeker" und die holländischen Pilots, Scheveningen Radio und den Borkumer Hafenmeister ruft er an. Alle hören Kanal 16 ab, aber keiner hat die Wörter „…..Uithuizen….Groninger Watt….Rottum….Wattloper…." gehört.

Fritz schaut nachdenklich aus den Bullaugen seines Schiffs. Nur noch eine halbe Meile Sicht da draußen in seinem Revier und ein komisches Gefühl in seiner Bauchgegend lassen ihn die Entscheidung treffen: „Jungs, wir fahren los. Wir gehen rüber an die niederländische Küste und schauen uns da mal um." Es ist sein seemännischer Instinkt, der hier zählt. Es ist 14:30 Uhr, als sie aus dem Schutzhafen fahren und vor sich kaum die Fischerbalje erkennen – so schlecht ist inzwischen die Sicht. Er hält mit Höchstfahrt Kurs nach Westen, dorthin, wo das Hubertgat in die Alte Ems übergeht. Langsam, mit leise laufenden Maschinen steuert er sein Schiff direkt an der Kante der Sandbänke entlang. Abwechselnd gehen die Blicke der Rettungsmänner hinaus in die graue Brühe und dann wieder auf das Radarbild. Ein Vormann kennt sein

Radarbild genau, weiß, zu welcher Tide was sichtbar sein muss und was nicht. Und Fritz erkennt da einen großen Fleck auf dem Radar, ein Fleck, der da nicht hinge-hört. Vorsichtig steuert er die „Alfried Krupp" in Richtung des „Radarflecks". „Tuut, Tuut, Tuut" lässt er das mächtige Horn des Typhon in den Dunst bellen. Nochmals und immer wieder gellt das laute „Tuut, Tuut….." . Plötzlich geht in dem milchigen Nebel eine Sonne auf: „Dort, seht dort hin!", ruft Fritz seinen Männern zu, „ein Rot-feuer leuchtet, das muss eine Handfackel sein." Fritz weiß, dass dort also jemand sein muss und schickt sofort zwei seiner Rettungsmänner mit dem Tochterboot los. Nur die „Glückauf" hat die Chance bei der geringen Wassertiefe näher heranzukommen. Es dauert nur einen kräftigen Fußtritt auf die Verriegelung unter dem Bug des Toch-terbootes lang und das Boot rauscht rückwärts über Laufrollen in die See. Nach we-nigen Metern schon verliert der Vormann seine Männer aus den Augen, verschluckt von der konturenlosen grauen Suppe.

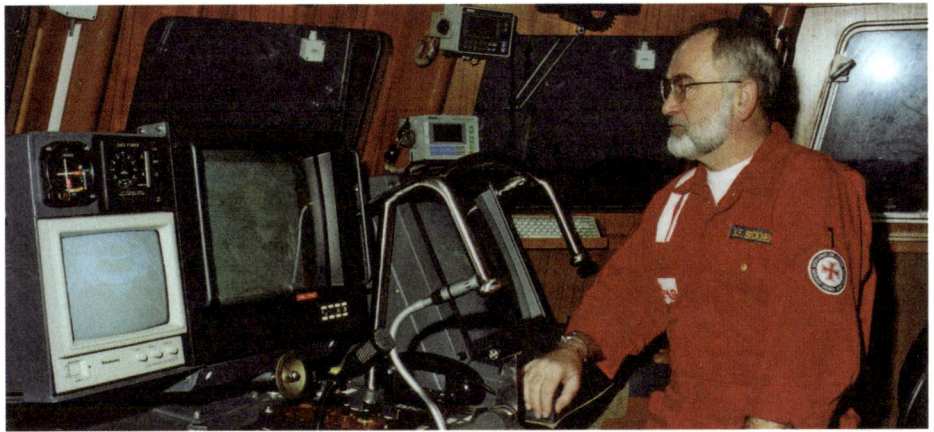

Vormann Fritz Brückner am Steuerstand der „Alfried Krupp"

„Du Fritz, hier steht alles voller Menschen", meldet sich die erstaunte Stimme sei-nes Kollegen aus dem Funk. Der „Fleck" auf dem Radar sind 140 Wanderer auf Betriebsausflug und die beiden Wattführer. Der Vormann verliert nicht viele Worte: „Einpacken, aufnehmen!" Die größte Rettungsaktion in der Geschichte der Bor-kumer Seenotretter beginnt. Fritz hat noch Zeit, seine holländischen Kollegen der niederländischen Seenotretter zu informieren, da taucht vor seinem Bug schon das Tochterboot auf. 30 Erwachsene drängen sich auf der nur 8 Meter langen „Glück-auf". „Und da stehen noch viel mehr", ruft der Steuermann des Tochterboots sei-nem Vormann zu, „und einige stehen schon bis zur Brust im Wasser." „Beeilt euch Jungs!", ruft er und hilft den ersten Geretteten an Bord der „Alfried Krupp" zu kommen. „Beeilt euch!", und schickt seine Männer zurück an die Sandbank. Die Niederländer sind inzwischen eingetroffen und nehmen weitere Gerettete an Bord. Über Borkum lichtet sich schon der Nebel und von dort sieht Fritz ein Motorboot mit hoher Geschwindigkeit sich nähern. Die „Big Buster" mit dem Borkumer Sport-bootfahrer Erdwiens als Skipper hat von der dramatischen Rettungsaktion gehört und ohne viel Wort zu machen, hilft er mit. 142 Menschen werden auf die drei Schiffe gebracht, heruntergeholt von der schon fast überfluteten Sandbank im Uithuizer Watt. Die trockene Kleidung ist schnell ausgegeben, aber alle Holländer sind froh, wenigstens ihr Leben gerettet zu haben. Keiner wird zurückgelassen und der See-notretter „Alfried Krupp" und das Schiff der holländischen Seenotretter bringen alle sicher an die Pier des Eemshavens. Das war sehr, sehr harte Arbeit. Und sie hat hungrig gemacht. Deswegen kochen sich die Seenotretter jetzt Saure Ochsenfetzen.

Saure Ochsenfetzen

Saure Ochsenfetzen sind ein schnelles Gericht, das sich an Sauerbraten anlehnt. Das Fleisch, das man dazu benötigt, muss nicht aus den besten Stücken des Rindes (Ochsen) stammen. Bei Bedarf gart man es eben im Drucktopf.

Für 4 Personen braucht man:
1 kg Rindfleisch, 2 Tüten Sauerbraten-Fix, Butterschmalz, Süße oder saure Sahne, Datteln, Feigen oder Backpflaumen nach Belieben

Beilagen: Kartoffeln, Klöße, Spätzle oder Nudeln - je nach Gusto
Rotkohl, Rote Bete oder Gurken

Ich schneide das Fleisch in Streifen und brate es in Butterschmalz an. Dann nehme ich es aus dem Topf und gieße nach Empfehlung Wasser an. Wenn Sahne verwendet werden soll, ein bisschen weniger Wasser nehmen. Den Bratenansatz löse ich und gebe das Fleisch wieder dazu. Langsam lasse ich es auf kleiner Flamme schmoren. Im offenen Topf verdunstet Flüssigkeit, die man mit süßer Sahne auffüllen kann. (Saure Sahne immer erst zum Schluss dazugeben!) 10 Minuten vor dem Servieren gebe ich die Trockenfrüchte zum Ziehen in die Sauce.

Rotkohl aus dem Glas ist eine günstige Beilage. Man braucht nicht die teuren Angebote zu nehmen, weil man den Rotkohl "tunen" kann. Ich stelle das Glas ohne Deckel auf dem Kopf in unseren Topf und lasse den Saft austreten. Dann nehme ich ein kleines Glas Waldheidelbeeren (gibt's sogar "zuckerfrei") und gebe es mit dem Saft dazu. Das Ganze koche ich "sirupartig" ein, wobei ich auch noch einen säuerlichen Apfel (z.B. Boskop) in kleinen Stücken zum Schluss mitgare. Den Rotkohl aus dem Glas füge ich zu und erhitze ihn.

Zum Schluss binde ich das Ganze mit etwas Speisestärke. So läuft nicht der Rotkohlsaft auf dem Teller herum, der Geschmack bleibt an den Rotkohl gebunden und derselbe erhält auch noch Glanz und Farbe.

PERSONEELSVERENIGING
AEGON-DEN HAAG

Secr.: Churchillplein 1
2517 JW Den Haag
(C/LVO/VP/PTA)

Rettungsschiff ALFRED KRUPP
Schutzhafen
Borkum (BRD)

am. 5. August 1992

Meine Herrschaften,

Mit diesem Briefe danken wir Ihnen recht herzlich für Ihren Anteil in der Hilfe, die eine grosse Gruppe unserer Kollegen erhielt als der Wattlauf dieser Gruppe am 25. Juli 1992 statt auf Rottum unfreiwillig endete auf einem Sandbank in der Nähe vom Sparregat.

Die schnelle Hilfe und die merkwürdig gute Koördination davon waren bewundernswert. Jedermann in der Gruppe hatte dadurch mit Recht völlig Zutrauen in einem guten Ablauf dieses Abenteuers, dass ohne Ihre Mitarbeit vielleicht dramatisch geëndet wäre.

Mit Nahmen der freundliche Empfang an Bord vom Alfred Krupp war lobenswert!

Persönlich können wir leider nicht alle Mitglieder der Mannschaft bedanken. Hoffentlich ist es möglich ein jeder einen Fotokopie dieses Briefes zu geben.

Wir wiederholen: *Recht herzlichen Dank!!*

Mit freundlichen Grüssen und hochachtungsvoll,

W.Poortinga, Sekretär
(und Mit-Wattläufer!)

NICHT IMMER GEHT ES GUT AUS

Es ist ein schöner Spätsommermorgen auf Borkum. In der Nacht tobte ein starkes Gewitter mit teilweise orkanartigen Böen und heftigem Regen über der südlichen Nordsee. Doch der Spuk ist vorbei. So als sei nichts gewesen, ist es ruhig, die Sonne scheint und die „Alfried Krupp" und ihre Mannschaft liegen auf Wache im Hafen. Die Boote und Yachten der Mitglieder des Borkumer Wassersportvereins Burkana dümpeln an den Stegen, in unmittelbarer Nachbarschaft des Seenotrettungskreuzers. Vormann Fritz Brückner schaut von der Brücke und sieht dort eine Frau und einen Mann suchend an allen Schiffen vorbeigehen. Der Steg ist lang, an fast 40 Metern liegen die Boote der Insulaner zwischen den Brücken 1 und 3. Überall schauen die beiden hinein, jedes Boot wird begutachtet. Doch sie schütteln immer wieder ihre Köpfe. Von oben auf der Straße „Zum Neuen Hafen" nähern sich zwei weitere Personen. Sie kommen von dem zweiten Borkumer Yachthafen „Port Henry". Auch sie schütteln die Köpfe und zucken mit den Schultern. Fritz ahnt, dass die vier ein größeres Problem haben müssen. Sie steigen die Rampe von den Stegen hoch auf die Pier 2, dort wo der Rettungskreuzer liegt. „Die wollen zu uns", denkt sich Fritz, als sich die Besucher nähern. Er geht zu ihnen und sieht vor sich vier sehr besorgte Segler. Sie hätten gemeinsam mit drei Booten am Vortag die holländische Insel Schiermoonikoog verlassen mit Ziel Borkum. Alle drei kämen aus Bremerhaven, der Urlaub sei bald zu Ende und sie wären auf dem Heimweg zur Weser. Das nächtliche Gewitter sei angekündigt worden und deshalb seien sie über das holländische Wattfahrwasser nach Borkum gesegelt. Im Gegensatz zu ihnen aber habe sich der Skipper des dritten Bootes mit Frau und zwei Kindern entschlossen, zum Abschluss der Saison noch einen Schlag über See nach Borkum zu segeln. Hier wollten sie sich treffen. Das dritte Boot hat keinen Funk an Bord, „aber der Skipper ist Segellehrer in Bremerhaven und sehr erfahren", ergänzen die vier Segelfreunde.

Das dritte Boot ist aber nicht angekommen. Bisher haben sie sich noch keine allzu großen Sorgen um die befreundete Familie gemacht. Sie wissen, dass ein Schlag über See länger dauern kann. Aber nun ist es bereits später Vormittag und sie müssten längst Borkum erreicht haben. Der Vormann nimmt die Sorge der Bremerhavener Wassersportler ernst und informiert seine Mannschaft. „Lasst uns rausfahren, wir schauen uns mal um!" Die Segler stehen an Pier 2 und beobachten, wie die „Alfried Krupp" zügig nach achtern läuft, den Bug nach Süden dreht und den Schutzhafen durch die große Einfahrt verlässt. Was sie nicht hören können, ist der Funkspruch,

den Fritz Brückner an Bord seines Schiffes über UKW-Kanal 16 empfängt, als er gerade die Fischerbalje passiert:
Die „Paapsand", ein Schiff der Wasser- und Schifffahrtsverwaltung, meldet sich.
„Paapsand für Alfried Krupp!"
„Alfried Krupp hört."
„Moin Fritz. Hier auf der Nordseite von Rottumeroog liegt eine Yacht in der Brandung."
„Danke Paapsand! Sind schon unterwegs - wir fahren da mal hin."

Fritz gibt volle Kraft voraus, informiert die Einsatzzentrale des Maritime Rescue Coordination Centre MRCC in Bremen, bittet den Hubschrauber zu starten und gibt die Meldung an die Kollegen der holländischen Seenotrettung weiter. Zügig überquert er das Randzelgat, den breiten Emsstrom vor Borkum, und ist nach wenigen Minuten schneller Fahrt auf der Höhe von Rottumeroog. Die kleine niederländische Insel direkt gegenüber von Borkum ist unbewohnt und darf nur selten für Sicherungsarbeiten betreten werden. Der Vormann sieht durch das Fernglas. Noch immer ist die Brandung stark aufgewühlt durch den Sturm der letzten Nacht. In den sich überschlagenen Wellen sieht er eine weiße Segelyacht liegen. Der Mast zeigt zur Inselmitte, der Rumpf schlägt in dem flachen Wasser auf und nieder. Doch was sind das für zwei Bündel, die dort an der Steuerbordreling hängen? Fritz kann es auf die Entfernung nicht mit Sicherheit klären. Er nimmt an, dass es sich um geborgene Segel handelt, da das Schiff keine Segel mehr führt. Das Wasser wird immer flacher und der Vormann setzt das Tochterboot aus.

Mühsam versucht sich das Tochterboot an das gestrandete Fahrzeug heranzukämpfen. Die Schläge gegen den Rumpf sind heftig, jede Welle überdeckt die „Glückauf", der Rumpf schlägt nach vorn und zur Seite. Über ihnen hören die Seenotretter das laute Brummen der Rotoren der Sea KingMK 41. Der Pilot des SAR-Hubschraubers setzt die über sechs Tonnen Gewicht seiner Maschine sicher in nur 100 Meter zur gestrandeten Yacht auf den Strand. Die Rotorblätter werden langsamer und der Copilot läuft hinüber zur Yacht. Knietief ist das Wasser hier. Langsam kämpft er sich an das Wrack heran und untersucht die beiden Bündel. Fritz sieht immer noch durchs Glas. Der Hubschrauberpilot weicht entsetzt zurück, berührt wieder eines der Bündel, dann das andere. Er schlägt die Hände vor sein Gesicht. „Was ist das bloß?", denkt Fritz. „Was ist denn da passiert?" Der Flieger hält sich an der Reling fest und schaut lange in das Innere der heftig in der Brandung schwankenden Yacht. Langsam weicht er einige Schritte zurück durch das Wasser an den Strand. Und dann beginnt er zu rennen. Fritz sieht den Mann im Fliegeroverall in den Helikopter springen. Nur wenige Sekunden dauert es, dann meldet sich der Pilot bei ihm über Funk: An der Reling hängen festgebunden als Bündel zwei Kinder. Beide tot. Noch einmal verlässt der Copilot den Helikopter. Er erkennt im Sand Fußspuren. Eine Spur von zwei Füßen führt durch den vom Regen noch feuchten Sand den Strand hinauf. Der

Hubschrauber startet und in niedriger Höhe folgt der Pilot den Spuren im Sand. Vom Strandungsort der Yacht im Osten führen sie über die Insel nach Süden, nur zweihundert Meter vorbei an dem kleinen Häuschen, in dem in dieser Nacht Strandarbeiter geschlafen haben. Aber das Haus liegt gut abgeschirmt in einem Dünental, ohne Licht im Haus ist es nicht zu erkennen. Die Spur führt weiter hinaus in Richtung Watt, dort wo an der niederländischen Küste in zehn Kilometer Entfernung ein weithin sichtbares Feuer einer Gasabfackelstation leuchtet. Hat der Mensch, dem diese Fußspuren gehören, dieses Feuer gesehen? Hat er dort Rettung vermutet? Wo Licht ist, sind auch Menschen!

Weiter fliegt der Helikopter und sucht in niedriger Flughöhe das Watt ab. Nach einigen Kilometern leuchtet das Rot einer aufgeblasenen Rettungsweste von unten. Wenige Meter weiter liegt eine Frau. Tot. Eine sofort eingeleitete große Suchaktion mit der „Alfried Krupp", Hubschraubern und den holländischen Seenotrettern wird gestartet, die erst nach Einbruch der Dunkelheit abgebrochen wird. Der Segler aus Bremerhaven wird nie gefunden.

Ist möglicherweise der Mann bei dem Versuch, im Gewitter die Segel zu bergen, über Bord gegangen? Wollte die Frau die Lichter der Gasabfackelstation ansteuern und ist dabei auf Rottumeroog gestrandet? Ist sie versehentlich ins Watt gelaufen? Glaubte sie, der Flut entkommen zu können?

Es wird für immer ein Geheimnis bleiben. Nicht immer geht es gut aus.

WASSEREINBRUCH, MASTBRUCH UND ASIATISCHE DÜFTE

Es ist kurz vor Mitternacht. Die Mannschaft der „Alfried Krupp" liegt in ihren Kojen. Wie immer mit leichtem Schlaf, ein Ohr immer am Funk. Klaus Wybrands hat als freiwilliger Rettungsmann Dienst. Alle an Bord sind schnell hellwach, als eine aufgeregte Frauenstimme über Kanal 16 zu hören ist. Der Vormann meldet sich sofort und mit sich überschlagener Stimme erzählt die Frau ihm, dass sie mit ihrem Segelboot auf einer Sandbank aufgelaufen seien. Immer wieder und immer wieder schlüge der Rumpf auf den Sandboden und sie hätten große Angst. Durch eine Funkpeilung von Bord des Seenotrettungskreuzers zu dem Segler gelingt es den Seenotrettern sofort, die exakte Position der Yacht zu bestimmen. Die Maschinen laufen schon, als sie auf der Seekarte mit den genauen Längen- und Breitengraden den Standort des Havaristen identifizieren: Nicht weit entfernt, südöstlich von Borkum liegt das Boot direkt an der Randzelplate. „Wir kommen", der für jeden Hilfesuchenden erlösende Spruch geht von Bord des Rettungskreuzers über Funk an die Seglerin. Der Wind ist stark 6-7, aber in Böen bis 10 Beaufort.

Die „Alfried Krupp" stampft mit voller Kraft gegen die See, Wellen und Gischt schlagen voll über das gesamte Schiff. Schon eine Viertelstunde später sehen sie das Boot auf der Kante des Randzels in dem aufgewühlten Wasser liegen. Der Mast des Bootes schlägt hin und her und der Rumpf setzt mehrfach auf die Sandbank auf. Klaus Wybrands denkt das Gleiche wie seine Kameraden: „Hoffentlich schlägt es nicht leck." Der Gedanke ist noch nicht ausgesprochen, da meldet sich der Havarist: „Wassereinbruch!" Das Tochterboot muss ran, für die „Alfried Krupp" ist das Wasser zu niedrig. Mit nur einem Tiefgang von 85 cm werden sie versuchen, zum stark krängend in der See liegenden Boot zu gelangen. Wetterzeug, Überlebensanzug und Rettungsweste anlegen, in das über acht Meter lange Boot einsteigen, die Heckklappe des Kreuzers ist schon heruntergelassen, der Auslöseknopf gedrückt und das Tochterboot schießt rückwärts in die aufgewühlte See. Langsam versucht die „Glückauf" nahe genug an den Havaristen zu kommen, um mit der Wurfleine eine Schleppverbindung herzustellen. Die Situation ist kritisch, doch die Überlebensanzüge geben den beiden Rettungsmännern etwas Sicherheit, und die wird bei der DGzRS großgeschrieben. Die Westen sind mit einem Satellitensender ausgerüstet, der die genaue Position an die Leitzentrale in Bremen und den nächsten Rettungskreuzer funkt. Ein durchsichtiges Fenster ist vor das Gesicht gezogen. Es verhindert, dass salzige Gischt eingeatmet wird. Denn Salz in den Lungenbläschen setzt Flüssigkeit aus den Zellen frei. Auf Dauer läuft die Lunge voll und man ertrinkt an der eigenen Körperflüssig-keit. Es ist ungemütlich da draußen. Eine Querschlägerwelle könnte die Männer von Bord des Tochterbootes reißen.

Schon der erste Wurf der Schleppleine gelingt. Der Skipper zieht an der dünnen Leine, an deren Ende eine stählerne Schlinge mit einem Palstek-Knoten befestigt ist, an dem wiederum die Schleppleine hängt. Sie wollen versuchen, das Segelboot von der Kante der Sandbank herunterzuziehen. Unterstützt durch die ellen Scheinwer-ferlichter des Tochterbootes und des Seenotrettungskreuzers legt der Skipper der Segelyacht die Schlinge der Schleppleine über eine Festmacherklampe an Deck. Das Tochterboot gibt vorsichtig Gas, die Leine hebt sich aus dem Wasser, wird stramm und fest – bis die Verbindung mit einem lauten Knall zerreißt. Die Klampe an Bord der Segelyacht ist nur auf das Deck geschraubt worden und hält der Zugkraft nicht stand.

Die Situation wird brenzlig, das Boot nimmt immer mehr Wasser auf. Es droht zu sinken! Die Retter entscheiden, sich nun vorrangig um die Personen an Bord zu kümmern. Langsam nähern sie sich und lassen zwei Frauen, einen Mann und ei-nen Hund ins Tochterboot steigen. Der Skipper bleibt noch an Bord und legt die Schleppschlinge um den Mastfuß. Dort ist jedes Segelboot besonders stabil und das Abschleppmanöver könnte so klappen. Auch der Skipper steigt nun auf das Toch-terboot über, das vorsichtig Fahrt aufnimmt. Ein lautes Krachen schreckt alle auf. Der Mast des Segelbootes bricht und stürzt ungebremst auf den Außensteuerstand

der „Glückauf" und zerstört Antennen und Radarmast. Niemand der Personen an Bord ist verletzt, aber die Gefahr ist noch nicht vorbei. Die Reste des Mastes und die gerissenen Fallen und Lieken stürzen auf die Schleppleine, verheddern sich darin und ziehen sie in die Schraube des Tochterbootes. Geistesgegenwärtig springt der Rudergänger des Tochterbootes nach achtern, hebt die Axt und kappt die Schleppleine. Schnell entfernen sie sich von dem Gewuhle an Metall und Leinen im Wasser. Eskortiert von der „Alfried Krupp," fährt das Tochterboot aus eigener Kraft zurück in den Borkumer Schutzhafen. Die Geretteten werden mit trockener Kleidung und heißem Kaffee versorgt und finden ein Nachtlager in der Borkumer Jugendherberge. Bis auf den Hund, der an der Pfote verletzt ist, sind alle „mit dem Schrecken" davongekommen. Ihr Segelboot ist verloren – immerhin 250.000 Euro wert. Auch das Tochterboot hat Schaden genommen und die „Alfried Krupp" bringt es nach Emden zur Reparatur in die Werft.

„Bedingt einsatzfähig", meldet sich der Borkumer Seenotrettungskreuzer bei der Rettungsleitstelle in Bremen und fährt zurück nach Borkum. An der Pier wartet eine große Überraschung auf die Mannschaft: Karl-Friedrich „Fritz" Brückner, von 1976 bis 2001 Vormann auf den Borkumer Rettungskreuzern „Georg Breusing" und „Alfried Krupp" hat von dem langen und schwierigen Nachteinsatz gehört.

Er weiß, jetzt brauchen die „Jungs" etwas Besonderes: Er hat Seemanns Curry Reis mitgebracht – und verzaubert die Kombüse mit asiatischen Düften.

Seemanns Curry Reis

wird mit Huhn zubereitet. In Asien, wo das Rezept zuhause ist, wird mit Curry im Prinzip "ALLES" gewürzt, was für den menschlichen Verzehr geeignet ist. (Wobei "ALLES" für den zentral beheizten Mitteleuropäer nicht immer gleich zu erkennen ist.)

Dem europäischen Gaumen könnte man für ein Curry-Mahl auch noch Fisch, Rind- und/ oder Schweinefleisch bzw. für Vegetarier diverse Gemüsesorten (die nicht zu weich gekocht sein sollten) anbieten, die in Kokosmilch oder entsprechend Fisch-, Fleisch- oder Gemüsefond gegart werden. Aus den vorgenannten Grundzutaten wird ein Ragout hergestellt, das dann auf Reis mit den Beilagen serviert wird.

Diese Beilagen könnten z.B. sein:
Saure oder Senfgurken, Rote Bete, Thunfisch, Zwiebeln, hart gekochte Eier, Mango Chutney, Ölsardinen, Kochschinken, Käse, Salami oder eine andere Hartwurst, kurzum alles, was einem dazu schmeckt, ist erlaubt. Die meisten Beilagen werden dazu gehackt oder entsprechend zerkleinert, so wie es einem selbst eben zusagt.

Das Curry-Gewürz, wie wir es kennen, ist ein aus diversen Zutaten hergestelltes meist braun-gelb oder rötliches Pulver. Es wird gebrauchsfertig angeboten. Wobei Seeleute die in Großbritannien hergestellten Kompositionen bevorzugen. Dort kann man auch Kochbücher finden, die sich ausschließlich der Herstellung von eigenen Curry-Gewürzen und "Gerichten widmen. Ein Erbe der britischen Kolonialzeit.

Ich brauche ein Suppenhuhn (je schwerer, desto besser, weil das Fleisch dann mehr Geschmack und eine bessere Konsistenz hat) oder für den "Kleinen" Haushalt ein Hähnchen bzw. Hähnchen-, Hühner- oder Putenfleisch.

Ich nehme das Suppenhuhn (oder ein Hähnchen, bzw. Hähnchen-, Hühner- oder Putenfleisch) und gare das Ganze in Hühner- oder Gemüsebrühe. Nach dem Garen nehme ich das Fleisch heraus, zerteile es in gabelgerechte Stücke und stelle es zur Seite.

Einen Teil des Curry-Pulvers röste ich leicht in einem Topf (mit oder ohne Fett). Es darf aber auf keinen Fall verbrennen! Ich gebe Fett (Öl oder Butterschmalz) dazu und schwitze eine klein gehackte Zwiebel darin an. Mit der Brühe gieße ich es auf und würze es mit weiterem Curry-Pulver. Für noch mehr Schärfe verwendet man am besten Sambal-Olek, das man gut dosieren kann. Fehlt Salz, dann kann Instant-Brühe (Huhn / Fleisch / Gemüse) zugegeben werden. Nach Belieben mit süßer Sahne oder Kokosmilch verfeinern und mit Speisestärke binden. Zum Schluss gebe ich Fleisch / Fisch / Gemüse dazu und erwärme nur noch auf kleiner Hitze (nicht mehr kochen).

Ich bereite entsprechend der Personenzahl Reis zu und serviere die vorbereiteten Beilagen dazu in kleinen Schälchen, sodass jeder sich nach eigenem Belieben sein Gericht auf seinem Teller fertigstellen kann.

MAYDAY! MAYDAY!

Es ist ungemütlich geworden an der Nordsee, der Wind hat aufgefrischt, in Böen weht er mit einer Stärke von bis zu 10 Beaufort. Die „Alfried Krupp" liegt ruhig im Borkumer Schutzhafen, aber über den Aufbauten und durch die Antennen pfeift heftig der Nordwestwind. An solchen Tagen hört die Mannschaft noch intensiver auf den Funk als sonst. Es ist 14:30 Uhr. „Mayday!" Die Stimme aus dem Funk ruft das auf der ganzen Erde gültige und sofort verstandene Notrufsignal. Da ist jemand in höchster Not. „Mayday!" Sofort antwortet der Vormann und lässt sich die Position durchgeben und erfährt, dass zwei Personen an Bord sind. Maschinist Michael Czipull ist schon beim ersten Ruf sofort hinunter in den Maschinenraum geeilt. Jetzt geht alles sehr schnell im blitzsauberen „Keller" des Schiffes. Mit geübten Handgriffen öffnet Michael die Anlassluft, geht drei Schritte nach vorn und startet die 2 x 47 kw-Generatoren, nimmt den Landanschluss raus, stellt die Maschine auf Eigenbetrieb um und schaltet die Seewasserpumpe ein. Seine drei Maschinen – jede hat 12 Zylinder und zwei davon jeweils 830 PS und die Mittelmaschine 1640 PS sind startklar. Alle Motoren werden immer vorgewärmt gehalten, um ohne Warm-laufphase sofort volle Leistung abgeben zu können. Der Vormann schaut kurz aus seinem Backbordfenster, als er ablegt, die Decksleute haben schon ihr Wetterzeug angezogen und werfen die Leinen los. Drei Minuten hat es nur gedauert und der Bor-kumer Seenotrettungskreuzer läuft mit voller Kraft, vorbei an den roten und grünen

Lichtern der Hafeneinfahrt, aus. Es hat zu regnen begonnen. Bernd Runde nimmt den Platz neben dem Vormann ein und beobachtet intensiv das zweite Radargerät. Klaus Wybrands, freiwilliger Rettungsmann an Bord, setzt sich an den Funk, der auf einem Tisch hinter dem Sitz des Vormanns installiert ist. Klaus trägt die Position des Havaristen in die Seekarte ein und meldet den Einsatz bei Ems-Traffic, der Radarüberwachungsstelle für die gesamte Emsmündung von Papenburg bis hinaus in die Nordsee. Die Radargeräte auf dem Turm an der Knock kurz vor Emden haben die „Alfried Krupp" bereits als kleinen weißen Punkt auf ihrem Schirm. Der Punkt, der sich mit hoher Geschwindigkeit seewärts bewegt.

Die Nordsee ist aufgewühlt und schwere Brecher knallen über das gesamte Schiff. „Grünes Wasser" prallt an die Bullaugen und die Scheibenwischer müssen hart arbeiten, die Wassermassen wegzuschieben und der Besatzung auf der Brücke der „Alfried Krupp" freie Sicht nach vorn zu gewähren. Die Scheiben der rechteckigen Bullaugen am Steuerstand sind 15 mm dick. Sie halten dem Druck stand. Die Tür ist hydraulisch absolut wasserdicht verschlossen. Der Vormann steuert sein Schiff mit einem kleinen Joystick an der rechten Seite des Steuerstandes, der Typhon ist gleich daneben angebracht. Zwei große Radarbildschirme an Backbord und an Steuerbord geben Klarheit über das, was vor ihnen liegt. Nach 90 Minuten harter Fahrt gegen Wind und Strom erreicht das Schiff die Position des Havaristen. Mitten im Verkehrstrennungsgebiet der großen Seeschifffahrtsstraße erkennen sie in den Lichtkegeln der beiden 400 Watt-Scheinwerfer das Segelboot. Auf den tobenden Wellen schlägt es hin und her. Das Boot hat einen Ruderschaden und ist nicht mehr alleine manövrierfähig. Langsam tastet sich der Seenotkreuzer an die Yacht heran, kein einfaches Unterfangen bei der schweren See. Klaus Wybrands und ein Kollege gehen hinaus an die Reling, in den Händen eine dünne Wurfleine, verstärkt am Ende durch einen Wurfleinenknoten. Dieser Knoten beschwert die dünne Leine und macht es

Die Segelyacht im Schlepp bei ziemlich „kabbeliger" See

leichter, sie zu werfen und zu fangen. Trotz des heftigen Windes gelingt es schon beim zweiten Versuch, die Verbindung herzustellen und an der dünnen Wurfleine eine kräftige Schleppleine zu befestigen. Klaus weiß, dass diese Befestigung immer ein kritischer Punkt jeder Rettungsaktion ist. Ist an Bord der Segelyacht eine fest verschweißte Klampenverbindung? Kann der Skipper die Schleppleine dort fest anbringen? Das ist nicht einfach für den Skipper. Der Bug seiner Yacht steigt ohne Unterbrechung hoch auf jeden Wellenkamm und prallt mit Wucht wieder unten auf. Es ist sehr gefährlich, aber die einzige Chance der Rettung. Die Retter beobachten jeden seiner Schritte genau und hoffen, dass der Mann nicht über Bord geht. Angepickt an die Reling kämpft er sich nach vorn und versucht, das Auge der Schleppleine mit einem festen Haken in seinem Ankerkasten zu verbinden. Es gelingt und die Seenotretter atmen auf, als der Mann sicher wieder achtern in der Plicht seines Segelbootes angeschnallt sitzt. „Mann über Bord" hätte bei diesen Bedingungen die Situation gefährlich verschärft. Das Schleppmanöver kann beginnen. Die Leinen halten dem Druck stand und die Verbindung an Bord der Yacht auch. Fünf Meter hoch gehen die Wellen inzwischen und nur ganz langsam kann die „Alfried Krupp" die Yacht schleppen. Sieben Stunden brauchen die Seenotretter, bis sie nach 35 Seemeilen in den Borkumer Schutzhafen einlaufen können. Klaus geht unter Deck und kocht Kaffee für seine Kollegen, auch nicht ganz einfach bei den starken Bewegungen, mit denen das Schiff hin- und herschlingert. Alles geht gut. Die Segelyacht wird sicher in den Hafen gebracht und Klaus´ Kaffee ist auch nicht verschüttet worden. Die Mannschaft macht den Rettungskreuzer wieder einsatzklar. Klaus hat eine andere wichtige Aufgabe übernommen: Alle an Bord sind sehr hungrig. Er geht in die Kombüse, um seine Kameraden mit einem Jägerschnitzel zu verwöhnen.

Jägerschnitzel Ostland

Ein Stück Schweinerücken schneide ich in 8 x 2cm große Scheiben und paniere diese. Dann würfele ich drei große Zwiebeln sehr fein und brate sie mit Champignons (es können auch Pilze aus der Dose sein) sehr schön braun.

In der Zwischenzeit schiebe ich eine Platte Ofen-Pommes Frites bei ca. 200 Grad in den Backofen und röste diese knusprig braun. Zu den gebratenen Zwiebeln und Champignons gebe ich 1/2 Liter Sahne und würze diese mit Bratensauce und lasse sie auf der Herdplatte etwas reduzieren. Die panierten Fleischscheiben brate ich nun in der Pfanne gut und langsam durch.

Wenn diese fertig gebraten sind, richte ich sie auf einem Teller mit der Champignonrahmsauce an. Dazu passen ganz ideal die Pommes Frites.

Im Team: v.l. H.G. Fuhs, Christoph Müller, K.W. Sträter (jun.) Horst Brämer, Hanno Renner, Rolf Nowak

DIE FREIWILLIGEN BORKUMER RETTUNGSMÄNNER
INTERVIEW MIT KLAUS WYBRANDS

Wie funktioniert die Arbeit mit den Vormännern?
Sehr gut. Ich bin mit Fritz Brückner, Ralf Brinker und Ralf Schäfer gefahren. Fritz hat in den 90er Jahren die Arbeit mit den Freiwilligen wieder neu aufgebaut und das wurde von seinen beiden Nachfolgern konsequent weitergeführt. Sie kümmern sich sehr um die Freiwilligen und ich habe viel von ihnen gelernt.

Warum ist die Arbeit der freiwilligen Rettungsmänner so wichtig?
Die Hauptlast tragen natürlich die festangestellten Seenotretter. Aber wir haben auf der Station Borkum nur neun davon. Und die wechseln sich im Rhythmus von jeweils 14 Tagen Dienst ab. Da kommt es regelmäßig vor, dass durch Urlaub, Krankheit oder Lehrgangsbesuche einer ausfällt. Dann werden wir gerufen.

Was ist eure Arbeit?
Jeder macht alles. Der Vormann ist der Chef an Bord. Er teilt die Aufgaben ein, sodass wir immer einsatzbereit sind. Die „roten" Decksleute und die „grünen" Maschinisten haben alle ihre Spezialaufgaben, aber helfen sich immer gegenseitig.

Werdet ihr für eure Arbeit bezahlt?
Wir erhalten pauschal 48 Euro pro Tag und sind durch die Gesellschaft versichert.

Im Team: Rettungsmann Horst Brämer mit den Freiwilligen Jörg Zogel, Christoph Müller und Hans-G. Fuhs

Wie bist du für deine Arbeit ausgebildet worden?

Die Ausbildung ist sehr professionell. Wir beginnen mit einem vierzehntägigen Schiffssicherheitslehrgang und dem Lehrgang SAR-Seemannschaft an der Marinetechnikschule in Neustadt/Holstein, u.a. auf der für Ausbildungszwecke ausgemusterten Fregatte „Köln“. Nirgendwo sonst sind die Bedingungen so nah an der Realität wie dort.

Was hast du von deinem ersten Lehrgang besonders in Erinnerung behalten?

Das Training findet teilweise unter sehr schwierigen Bedingungen statt. So mussten wir in voller Ausrüstung von einem sieben Meter hohen Turm ins Wasser springen. Das Training hat uns voll in Anspruch genommen – zwei Wochen Vollzeitkurs mit viel Theorie und Praxis. Und wir haben im Rahmen einer erweiterten Ersten Hilfe gelernt, Medico-Gespräche zu führen. Dadurch können wir von Bord aus mit dem Funkarzt sprechen, seine Diagnose erleichtern und nach seinen Anweisungen die Erstversorgung von Kranken oder Verletzten durchführen.

 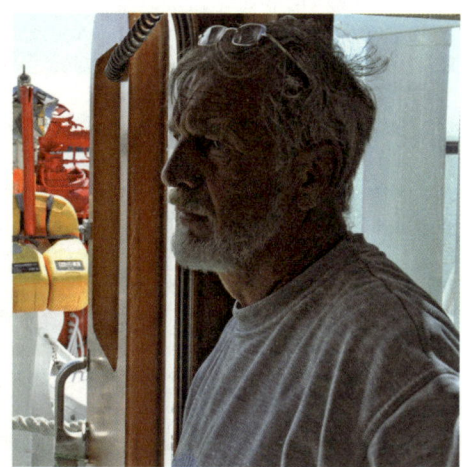

Freerk Veen   *Udo Kaja*

Und seid Ihr nach dem Lehrgang dann fit für den Einsatz?

Im Prinzip schon. Aber es wird immer weiter geübt. So ist unser Vormann Fritz Brückner mal mit uns bei dichtem Nebel rausgefahren und hat Udo Kaja und mich auf dem Tochterboot mit den Worten losgeschickt: „So, jetzt seht mal zu, wie ihr in den Eemshaven kommt!“ Durch diese praktischen Übungen lernt man natürlich sehr viel.

Was sagst du einem jungen Mann, der auch freiwilliger Rettungsmann werden will?
Er sollte erst einmal überprüfen, ob er seetauglich ist. Wenn du bei Windstärke 10 oder 11 rausfährst und das Schiff nach allen Seiten fliegt, sollte dir das nichts ausmachen. Und er sollte den Sportbootführerschein See besitzen.

Sollte er auch bestimmte Charaktereigenschaften mitbringen?
Ja, das ist sehr wichtig. Er sollte sich dazugehörig fühlen, sich bewusst sein, 14 Tage mit anderen Männern auf engstem Raum zu leben, Flexibilität zeigen und auf andere eingehen können. Wir sind an Bord eine Gemeinschaft und da passt kein sturer Kopf hinein. Jeder muss mit anpacken, dazu gehören auch Reinigungs- und Pflegearbeiten. Wir sind draußen aufeinander angewiesen und da muss jeder seinen Part stellen. Teamgeist – das steht über allem!

Und kochen sollte er können?
Natürlich ist jeder mal dran mit Kochen, aber auch das kann man lernen. Und jeder an Bord hat so sein spezielles Lieblingsgericht. Einer bereitet eben sehr gute Schnitzel zu, der andere Steaks, dann gibt es leckere Suppen und köstliche Saucen. Außerdem gibt es immer jemanden, der den Kochdienst gerne übernimmt. Wie zum Beispiel Fritz Brückner und ich es immer gemacht haben. Wir beide kochen eben gerne – und den Jungs hat es immer geschmeckt!

Erbsensuppe mit Aal à la Mövensteert

Anfangs hörte ich meine Kollegen sagen: "Erbsensuppe mit Aal? Das kann ja gar nicht schmecken." Aber probieren Sie diese Suppe einmal und ich garantiere Ihnen, da bleibt nichts übrig.

Sie nehmen für 6 - 8 Personen 500 Gramm grüne Erbsen, waschen diese, und lassen sie in gut 2 Liter Wasser ca. 12 Stunden quellen. Kochen Sie Wasser in einem Topf zusammen mit 3-4 Esslöffel klärer Brühe auf.

Schneiden Sie 2 Porree-Stangen mit Grün ganz klein und geben sie in das kochende Wasser. Schneiden Sie eine Sellerieknolle und zwei Möhren in kleine Würfel und geben sie ebefalls in das kochende Wasser. Jetzt fehlen im Topf nur noch 4-5 große Kartoffeln in kleine Stücke geschnitten und 2 ca. 3 cm dicke Scheiben geräucherter Speck. Etwas salzen und pfeffern und dann eine halbe Stunde gut kochen lassen, danach die Herdplatte kleiner stellen und noch eine Stunde langsam ziehen lassen.

Danach entnehmen Sie die Speckscheiben, entfernen Schwarte und Knorpel, geben 2-3 Kellen Suppe dazu und pürieren alles mit einem Pürierstab und geben diesen Brei unter Umrühren wieder in die Erbsensuppe.

Gut abschmecken und eventuell noch etwas frisches kleingeschnittenes Bohnenkraut dazugeben. Einen großen geräucherten Aal enthäuten und entgräten und den filetierten Aal in kleine Stücke schneiden.

Nun richten Sie die Suppe auf einem tiefen Teller oder in einer Suppentasse an und geben einige Stücke des geräucherten Aals hinzu.

Sie werden feststellen, dass Sie zu wenig gekocht haben, so lecker wird es Ihren Gästen munden. Guten Appetit!

Übrigens:

Die Aalsuppe heißt nicht unbedingt "Aalsuppe", weil sie eine Suppe mit Aalen ist. Es gibt Phänomene der norddeutschen Küche, die sind aus dem Humor der Menschen an der Küste entstanden. Aalsuppe heißt eben so, weil da "aallens rinkümmt": Fleischbrühe, Suppengemüse, Gewürze und Kräuter, Backobst und, die von den Norddeutschen "Klüten" genannten, Mehlklößchen. Eine Variante der Aalsuppe verewigt Thomas Mann als "Specksuppe" in seinem Roman "Buddenbrooks". Kartoffeln, Schinken, Saure Pflaumen, Backbirnen, Erbsen Blumenkohl, Rüben, Bohnen und was die Küche sonst noch hergibt, werden mitsamt einer Fruchtsauce eingerührt. "Niemand auf der Welt konnte das genießen", fand Thomas Mann, "der nicht von Kindesbeinen daran gewöhnt war.." Auch dieses Rezept findet Eingang in die Kombüsen, denn die Not macht eben auch Smutjes erfinderisch.

DIE AUSBILDUNG

SAR-Schule der DGzRS -Außenstelle Neustadt

In der SAR-Schule der DGzRS, Außenstelle Neustadt, werden fünftägige Fachlehrgänge angeboten, welche den freiwilligen Rettungsmannschaften seemännische und rettungsdienstliche Grundlagen vermitteln sollen.

Durchgeführt werden diese Lehrgänge mit Unterstützung durch die Bundesmarine, durch das Engagement von Ausbildern der Technischen Marineschule Neustadt, Lehrgruppe Schiffssicherung sowie von der Besatzung des Seenotrettungsbootes „Crempe" / Station Neustadt.

Es finden folgende Ausbildungsgänge statt:

Standardkurs I - Lehrgang ‚SAR-Sicherheit'
- Brandabwehr
- Leckabwehr
- Rettung und Bergung
- Seenotsignalmittel
- Medizinischer SAR-Dienst der DGzRS, Erste Hilfe auf See
- seemannschaftlich-technischer Dienst
- SAR-Abschlussübung und Abschlussbesprechung

- Standardkurs II - Lehrgang ‚SAR-Seemannschaft'
- Praktische Seemannschaft (Stabilität, Wetterkunde, Manövrieren im Hafen, im Revier und beim Havaristen)
- Einsatzfahrten (terrestrische und technische Navigation, Suchverfahren, OSC-Übung, Nachtfahrten)
- Seerecht (KVR, SeeSchStrO, SAR-Dienst, Umweltschutz, Verhalten bei Unfällen)
- Telekommunikation (Funkanlagen, Funkverfahren, SAR-Dienst, Seenotfall, Schiffsverkehr, Luft- und Behördenfahrzeuge, MEDICO-Gespräch)
- Technischer Betrieb (Werftunterlagen, Motorenkunde, technische Anlagen des Bootes)
- SAR-Abschlussübung und Abschlussbesprechung

MEDIKAMENTE

Zweiter Vormann, Ralf Schäfer

ARZT AN BORD

Noch immer steht der frühere Chefarzt Dr. Norbert Pöschke in den langen Borkumer Wintermonaten vor den Zuhörern seiner ehemaligen Klinik. Die Kurgäste der großen Klinik mit dem weiten Ausblick über die Nordsee lieben seine Vorträge. Ihr ehemaliger Chefarzt spricht über seine Zeit als freiwilliger Rettungsarzt auf dem Borkumer Seenotrettungskreuzer „Alfried Krupp". 17 Jahre Erfahrung liegen hinter ihm, von 1990 bis 2007 ist er dabei. Der gebürtige Berliner geht nach seinem Studium zur fachärztlichen Ausbildung an das Robert-Koch-Institut, dann unter anderem in das Josefs-Krankenhaus in Paderborn und in die Weserberglandklinik nach Höxter. Gerne nimmt er 1983 die angebotene Oberarztstelle der neuen BfA-Klinik auf Borkum an und ist seit 1991 bis zu seinem Ausscheiden 2007 Chefarzt an der Knappschaftsklinik.

Fritz Brückner, Vormann der „Alfried Krupp", kennt den engagierten Mediziner durch dessen ehrenamtliche Tätigkeit als Vorsitzender des Deutschen Roten Kreuz auf Borkum. Fritz, immer um die Weiterbildung seiner Rettungsmänner bemüht, bittet Dr. Pöschke, einen Erste-Hilfe-Kurs an Bord des Rettungskreuzers abzuhalten. Norbert Pöschke zögert keine Minute und ist dabei. Danach übernimmt er eine ständige medizinische Schulung, denn mit einer geschulten Mannschaft ließen sich viele Probleme für die Geretteten leichter und schneller lösen. Er führt Lehrgänge durch und - zu der Zeit sind Mediziner auf Rettungskreuzern nur sehr schwach vertreten – es kommt der Tag mit der Frage: „Norbert, wir müssten Dich mit rausnehmen können. Auf vielen Einsätzen bräuchten wir einen Arzt an Bord." Auf jedem seegehenden Schiff ist der Erste Offizier für die medizinische Betreuung von Mannschaft und Passagieren verantwortlich. Wenn der aber meint, das Problem nicht alleine lösen zu können, meldet er einen medizinischen Notfall. Für diese Einsätze ist ein Arzt an Bord des Seenotrettungskreuzers von unermesslichem Wert.

Norbert Pöschke hat schon immer ein Faible für Wassersport, ist im Besitz des Sportbootführerscheins See. Norbert ist begeistert und seine Aufgaben als Chefarzt der Klinik lassen sich durch Vertretungsvereinbarungen mit der Tätigkeit als freiwilliger Rettungsarzt in Überstimmung bringen. Wie alle freiwilligen Rettungsmänner durchläuft auch er die vierzehntägigen Lehrgänge der SAR-Schule der DGzRS in Neustadt/Holstein. Und seine Hilfe wird schnell gebraucht. Viele Einsätze folgen. Auf der Hamburg-Harwich Fähre hat ein Fahrgast eine so schwere Blinddarmentzündung, dass sie den Kranken dort auf offener See abbergen und über Eemshaven in die Klinik Groningen bringen müssen. Der Kapitän eines deutschen Schiffes leidet unter einer Nierenkolik oder der Koch eines Frachters schneidet sich beim Frühstückmachen den Daumen ab. Es gibt Herzinfarkte mit und ohne Todesfolge. Er hat mit seinen Kollegen an Bord der „Alfried Krupp" viele Menschen gerettet.

Tief in Erinnerung ist ihm einer seiner aufregendsten Einsätze geblieben. Ein russisches Arbeitsschiff, es erledigt Arbeiten an den Tonnen der Großschifffahrtsstraße, meldet 20 Seemeilen vor Borkum einen Unfall. Ein Offizier gerät mit dem Vorfuß in eine Winde und schert sich einen Teil seiner Zehen ab. Schon auf der rasenden Fahrt dorthin versucht Norbert Pöschke den Seemann dazu zu bewegen, den abgerissenen Schuh unbedingt zu behalten. Es gäbe die Möglichkeit für Chirurgen, die Zehen zu retten und wieder anzunähen. Aber es ist zu spät. Der russische Schiffsoffizier hat den Schuh wütend über seinen eigenen Schmerz über Bord geworfen – und mit dem Schuh versinken seine Zehen in der Nordsee. Mit der Bergungstrage, einer Art Plastikwanne, bergen sie den Mann. Einer der ersten Herbststürme, der über die Nordsee rast, erschwert die Arbeit sehr. Die Kommunikation mit dem nur sehr schlecht Englisch sprechenden russischen Kapitän ist schwierig und die unterschiedlich großen Schiffe bewegen sich in der starken Dünung gegeneinander statt miteinander. Vier Stunden dauert der Einsatz und nur mit großem Geschick gelingt es der Mannschaft der „Alfried Krupp" und dem freiwilligen Rettungsarzt Dr. Norbert Pöschke, den russischen Seemann zu bergen und in den Eemshaven zu transportieren.

Doch nicht jeder Seenotrettungskreuzer hat bei jedem Einsatz einen Arzt an Bord. Auch dafür sind Fritz Brückner, Klaus Wybrands und alle anderen Kollegen geschult. Cuxhaven ist das medizinische Zauberwort. Zentrum des freiwilligen medizinischen Dienstes der DGzRS ist das Krankenhaus in Cuxhaven. Diese Klinik an der Elb-

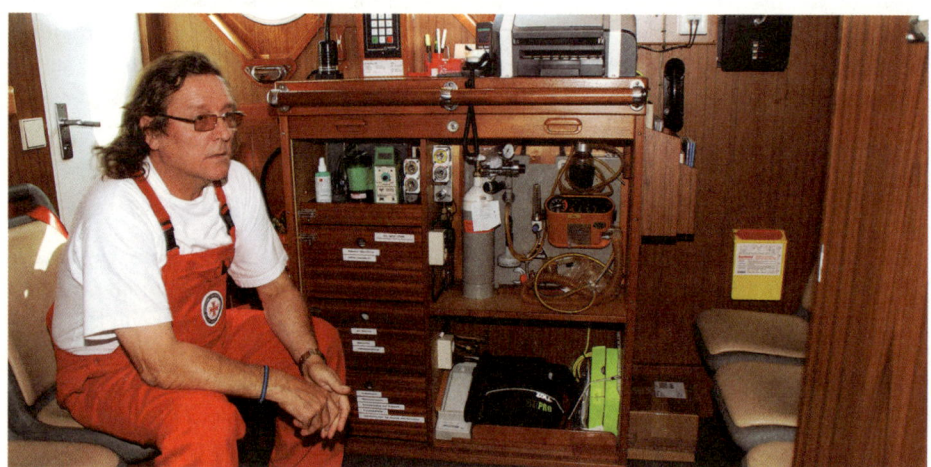

Zweiter Vormann Ralf Schäfer in der medizinischen Station der „Alfried Krupp"

mündung ist das Fortbildungszentrum für Besatzungen der Seenotrettungskreuzer. Und sie ist der ärztliche Partner an Land für die medizinische Erstversorgung der Verletzten auf See in der Deutschen Bucht und der westlichen Ostsee. Die Rettungsmänner an Bord übermitteln per Funk die Daten einer medizinischen Checkliste. Fragen nach Bewusstsein, Reaktion der Pupillen, Zustand der Haut und der Atmung, nach der Pulsfrequenz, nach der Temperatur und des Blutdrucks geben den Funkärzten die Möglichkeit, erste Diagnosen zu stellen. Das EKG kann drahtlos mit dem Zentrum in Cuxhaven verbunden werden. Die Ärztegruppe besteht aus Internisten, Allgemeinmedizinern, Chirurgen und Anästhesisten und bringt somit eine Vielzahl von Erfahrungen unterschiedlicher Fachrichtungen ein.

Nach internationalen Regeln sind überall auf der Welt die Medikamente an Bord mit Nummern und nicht mit Namen bezeichnet, um so sprachliche Missverständnisse auszuschalten. So kann die Anweisung aus Cuxhaven an die Seenotretter auf der „Alfried Krupp" lauten: „Geben Sie das Medikament Nr. 20 und legen damit eine Infusion." Der Rettungsmann wiederholt die Anweisungen des Arztes aus Cuxhaven und nimmt die intravenöse Behandlung mit dem Medikamt Nr. 20 an dem Kranken vor. Auf diese Weise ist schon so manchem Patienten auf dem Weg durch die Nordsee in die nächste Klinik an Land das Leben gerettet worden.

Bei Landeinsätzen ist es üblich, dass der Rettungswagen innerhalb von 15 Minuten am Krankenhaus ankommt. Bei Einsätzen mit dem Seenotrettungskreuzer ist das Schiff nach 15 Minuten aber gerade aus dem Hafen gefahren und passiert die Fischerbalje. Ganz andere Zeitdimensionen sind zu meistern. Entsprechend braucht der Arzt an Bord auch eine mobile und lange funktionieren Ausrüstung: Beatmungsmöglichkeit, Defibrillator, EKG, Pulsoxymeter, Intubationsbesteck, kleines chirurgisches Besteck, gute Ausstattung mit Medikamenten, dazu noch eine Notfallausrüstung im Rucksack für Einsätze mit dem Tochterboot oder die Mitnahme auf ein anderes Schiff. An Bord der „Alfried Krupp" können Ärzte wie Norbert Pöschke damit schon sehr professionell arbeiten: neben Beatmung, Defibrillation, Medikamentenversorgung, Blutstillung, Schienung von gebrochenen Armen und Beinen, auch Stabilisierung der Wirbelsäule. All das wird mit der Mannschaft ständig geübt und praktiziert. Aber Ärzte wie Norbert Pöschke sind auch realistisch genug zu erkennen, was nicht geht. „Eine Operation ist schwierig, die Situation begrenzt es", erläutert er. „Schon das Legen eines venösen Zugangs ist allein durch die Bewegung des Schiffes eine Herausforderung, diese begrenzt alle weiteren Möglichkeiten der Medizin stark." Das sei einfach so und als Arzt müsse er sich dann schon selbst etwas zurücknehmen. Engagiert ist er, aber realistisch. Alles, was man auf Land könne, ginge auf See eben nicht. Aber vieles geht auch. Und das hat Dr. Norbert Pöschke gezeigt. Wie viele seiner Kollegen hat er sich für die Rettung und das Leben von Menschen eingesetzt, hat Seenotretter geschult und ausgebildet und in ärztlichen Gremien der Gesellschaft dafür gesorgt, dass die medizinische Ausrüstung kontinuierlich verbessert wurde. Mit

60 Jahren beendet Norbert Pöschke seine aktive Fahrenszeit an Bord der „Alfried Krupp": „Mit 60 springt man eben nicht mehr so gut von Schiff zu Schiff", meint er dazu.

An was er sich aus der Bordküche besonders gerne erinnert, ist Fritz Brückners legendäre Fischsuppe.

Fischsuppe à la Vormann Fritz Brückner

Diese Suppe ist die besondere Spezialität des Vormanns Karl Friedrich "Fritz" Brückner. Die Zubereitung bedarf schon einigen Geschicks.

Zutaten:
1. Kartoffeln
2. Karotten
3. Zwiebeln
4. Stangensellerie
5. Porree
6. Fenchel oder Fenchelsamen

Fischfond/Sahne: (2:1 Empfehlung)
Seefischfilets: Rotbarsch, Knurrhahn, Makrele (alle sogenannten "Fettfische" mit festem Fleisch, Frutti di Mare (Mischung),
Kapern/Dill/Kräuter der Provence - sparsam anwenden - besser mehrmals nachwürzen (Kräuter aber erst ziehen lassen) Knoblauch/Schmand /ersatzweise Crème Fraiche) / Fondor / Krebs- oder Hummerbutter (Krebsbutter schmeckt rustikaler) / Sambal Olek oder Cayenne Pfeffer / Zitronensaft / Baguette

Die Mengenverhältnisse untereinander legt man nach Belieben fest.

Zubereitung:
Ich putze und wasche das Gemüse, schneide es klein (je kleiner, desto feiner). Danach schneide ich die Fischfilets klein und mariniere sie in Zitronensaft (sparsam). Ich schwitze Gemüse 1 - 3 in Olivenöl an. Bei Verwendung von Knollensellerie bzw. Fenchelsamen ebenfalls anschwitzen. Bei Verwendung getrockneter Kräuter eine Prise mit anschwitzen. Fischfond angießen, leise köcheln lassen.

Nach 5 Minuten füge ich das Gemüse 4-6 zu. Achtung: Fenchel schmeckt sehr intensiv. Knoblauch (gepresst oder fein geschnitten) zufügen. Nach weiteren 5 Minuten gebe ich Frutti di Mare dazu und nach ca. 20 Min. Köcheln gieße ich Sahne an und bringe alles auf kleiner Hitze zum Simmern. Öfter umrühren.

Mit Krebs- bzw. Hummerbutter binden (legieren). Kapern noch hinzufügen.
Mit den Kräutern, Sambal Olek und Fondor abschmecken. Heiß halten, damit alle Kräuter sich entwickeln können - aber nicht kochen!!

5-10 Minuten vor dem Auftragen (je nach Menge) gebe ich die Filetstücke mit dem Saft dazu und lasse sie garziehen - vorsichtig rühren (!!), sonst "zerbröselt" das Ganze.

Knoblauchdip:

Schmand mit Knoblauch aus der Presse versetzen. Mit Dill, Fondor, Sambal Olek abschmecken. Einige Zeit ziehen lassen, dabei öfter mit dem Schneebesen aufschlagen.
Und fertig.
Guten Appetit!

DER SCHWARZE TAG
1./2. JANUAR 1995

NDR Fernsehen, 2. Januar 1995, die Nachrichtensendung beginnt. Die Moderatorin macht ein ernstes Gesicht, als sie die erste Nachricht ihren Zuschauern in Norddeutschland mitteilt.

„Eine Sturmflut mit furchtbaren Folgen. Seit heute Nacht werden zwei Besatzungsmitglieder des Rettungskreuzers „Alfried Krupp" in der Nordsee vermisst. Die Männer sind bei einer Rettungsaktion über Bord gespült worden. Aus unserem Oldenburger Studio ist Andrea Kölling zugeschaltet:
„Weiß man schon mehr über das Schicksal der beiden?"

Die Reporterin ist ebenfalls sichtlich betroffen: „Nein, die beiden sind noch nicht gefunden worden. Mit Einbruch der Dunkelheit ist die Suche erst einmal unterbrochen worden. Morgen früh wollen die Retter wieder raus, obwohl die Chancen sehr gering sind. Den ganzen Tag über lief heute die Rettungsaktion auf vollen Touren. Schiffe, Flugzeuge und Hubschrauber aus Deutschland und den Niederlanden waren im Einsatz. Die See hat sich inzwischen wieder etwas beruhigt. Das Wasser hat 6 Grad Celsius. Die Überlebenschancen sind sehr gering…."

Die Deutsche Gesellschaft zur Rettung Schiffbrüchiger teilt mit:
Schweres Unglück des Seenotkreuzers „Alfried Krupp"
Auf der Rückfahrt von einem Einsatz in der Nacht vom 1. auf den 2. Januar 1995 ist der Seenotkreuzer „Alfried Krupp", Station Borkum, von schweren Grundseen und gewaltigen Wassermassen erfasst worden und durchgekentert. Zwei Mann der vierköpfigen Besatzung, Vormann Bernhard Gruben und Maschinist Theo Fischer, haben das Unglück nicht überlebt. Für sie ist der Einsatz für einen niederländischen Kollegen zur letzten Fahrt geworden.

Bernhard Gruben und Theo Fischer, zwei äußerst erfahrene Rettungsmänner, die in schwersten und beispielhaften Einsätzen zahlreichen Menschen das Leben gerettet haben. Bernd Gruben hinterlässt Frau und fünf Kinder, Theo Fischer Frau und drei Kinder. Wir gedenken unserer auf See gebliebenen Kollegen in stiller Trauer und werden ihnen stets ein ehrendes Andenken bewahren. Unser tief empfundenes Mitgefühl gilt den hinterbliebenen Familien.

Nach heutigem Kenntnisstand hatte sich Folgendes zugetragen: Am 1. Januar 1995 waren im schweren Sturm zwei holländische Rettungsboote von Frachtschiffen zur Hilfe gerufen worden, die sich vor der holländischen Küste in Schwierigkeiten befanden. Hierbei wurde ein holländischer Kollege von Bord gerissen. Über RCC Ijmuiden wurde umgehend eine Suchaktion eingeleitet, an der sich auch der Borkumer Seenotkreuzer „Alfried Krupp" beteiligte. Nach ca. zweieinhalb Stunden konnte der Schiffbrüchige in der aufgewühlten Nordsee von einem Hubschrauber entdeckt und geborgen werden. Die an der Suche beteiligten Einheiten konnten somit den Heimathafen ansteuern. Rettungsmann Bernhard Runde hatte sich allerdings bereits auf der Fahrt ins Suchgebiet Gesichtsverletzungen zugezogen und befand sich während der Rückfahrt unter Deck.

Um 22:14 Uhr: Vormann Bernhard Gruben stand, durch Leinen gesichert, auf der Backbordseite des oberen Fahrstands. Theo Fischer, der ihn als Ausguck und Ersatzmann für den verletzten Bernhard Runde unterstützte, war gerade auf dem Weg in den Maschinenraum. Dietrich Vehn wiederum war im unteren Fahrstand für Navigation und Kommunikation zuständig. In diesem Moment wurde die „Alfried Krupp" von mehreren außergewöhnlichen Grundseen und gewaltigen Wassermassen erfasst. Der Seenotkreuzer war aus dem Kurs gedreht und überrollt worden und durchgekentert. Er setzte in 180° Lage, also Kiel oben, mit geballter Wucht durch, wobei Teile der Ausrüstung aus ihrer Verankerung gerissen wurden, sich in die Decke bohrten und dort stecken blieben. Das Schiff, als Selbstaufrichter gebaut, richtete sich nach dem harten Schlag unverzüglich wieder auf.

Theo Fischer war jedoch nicht mehr an Bord. Bernhard Gruben dagegen hatte die Durchkenterung angeleint überstanden, war aber verletzt. Im unteren Fahrstand hatte sich Dietrich Vehn einen Bruch des Fußgelenks zugezogen.

Zwei Scheiben des Kreuzers waren eingeschlagen, es drang Wasser ein, das die gesamte Elektrik beschädigte und unklar machte. Die Motoren und die Hilfsdiesel stellten sich durch Öldruckmangel beziehungsweise Überdrehzahl automatisch ab. Auch die Mittelmaschine war durch die Schäden nicht mehr betriebsbereit. Der Seenotkreuzer war damit manövrierunfähig, ohne Antrieb, ohne elektrische Versorgung. Der Mast war geknickt, die Reling niedergedrückt, der obere Fahrstand schwer beschädigt. Das Tochterboot war durch den nach achtern geknickten Mast zusammengedrückt und blockiert. Über ein Funkgerät gelang es den Rettungsmännern noch, einen letzten Notruf abzusetzen, danach fiel auch dieses Gerät aus. Somit war jegliche Funkkommunikation unterbrochen. Die Besatzung schoss Notsignale, die vom Land gesehen wurden. Suchende Maßnahmen, koordiniert vom RC C. Ijmuiden in enger Zusammenarbeit mit dem Maritime Rescue Coordination Centre MRCC Bremen, liefen an. Ein SAR-Hubschrauber der Bundesmarine war als Erster vor Ort und entdeckte den Havaristen gegen 23:50 Uhr. Neben weiteren fliegenden SAR-Einheiten hatten deutsche und holländische Rettungsboote Kurs auf den Unglücksort genommen. Von Bord des Hubschraubers wurden mehr als zehn Abbergeversuche unternommen. Während die beiden Rettungsmänner sich am Aufbau des Havaristen sicherten, hielt sich der Vormann am Sicherheits-Strecktau fest und versuchte, Mitte Vorschiff das Winden-Seil zu greifen, was aber wegen der schweren See und der heftigen Rollbewegung der „Alfried Krupp" nicht gelang. Das Schiff hatte bis zu etwa 100° Schlagseite und das Deck stand vollständig unter Wasser. Bernhard Gruben entschloss sich, mit seinen beiden Kollegen zurück in den Aufbau zu hangeln. Während sich Bernd Runde und Dietrich Vehn noch in Sicherheit bringen konnten, kam er selbst dort nicht mehr an. Er wurde offensichtlich von einer weiteren See über Bord gerissen. Das Lichtsignal an der Rettungsweste war noch kurz zu sehen, dann verschwand es.

Die Flagge, jetzt im Heimatmuseum

Gedenkstein an der Deichstraße

Unter schwierigsten Bedingungen gelang es der Besatzung des Seenotkreuzers „Otto Schülke", der von Norderney aus bei Windstärken bis 10 Beaufort Kurs auf den Unglücksort genommen hatte, sich an den Havaristen heran zu manövrieren und eine Leinenverbindung herzustellen. Als anschließend ein holländisches Rettungsboot längsseits ging und ein Besatzungsmitglied überstieg, wurde zur Gewissheit, was nach dem Notruf befürchtet werden musste: Vormann und Maschinist waren nicht mehr an Bord der „Alfried Krupp". An der gezielten Suche, die bis in die Abendstunden des 4. Januar 1995 dauern sollte, waren zahlreiche Einheiten in der Luft und zu Wasser beteiligt: Hubschrauber der Bundesmarine und der niederländischen Marine, Schiffe vom Bundesgrenzschutz und niederländischen Behörden, ein Tonnenleger, dazu die „Mellum", ein Fahrzeug der Wasser- und Schifffahrtsverwaltung sowie Rettungsboote aus Holland und die Seenotkreuzer „Otto Schülke", „Wilhelm Kaisen", „Hannes Glogner" und das Seenotrettungsboot „Juist". Auch die Fischer von Neuharlingersiel waren hinaus gefahren, um nach den vermissten Kollegen zu suchen.

Die „Alfried Krupp" wurde noch in der Nacht des Unglücks von der „Otto Schülke" in den niederländischen Eemshaven geschleppt. Von dort aus wurden Bernhard Runde und Dietrich Vehn sofort ins Krankenhaus gebracht. Von der „Wilhelm Kaisen" ist die „Alfried Krupp" anschließend zur genaueren Schadensaufnahme an die Unterweser geschleppt worden, wo Mitte Januar die Reparaturarbeiten aufgenommen wurden. Die Deutsche Gesellschaft zur Rettung Schiffbrüchiger dankt auch an dieser Stelle allen Einheiten, die an den Such- und Rettungsmaßnahmen beteiligt waren. Alle, die Seeleute auf den Schiffen und die Besatzungen der Hubschrauber, haben unter teilweise extremen Bedingungen alles gegeben. Und dennoch: Auf so tragische Weise haben die Naturgewalten einmal mehr bewiesen, dass sie stärker sind als Mensch und Technik im Seenotrettungsdienst, der zu allen Zeiten, heute wie damals, den Grenzbereich der Seefahrt darstellt.

Theo Fischer   *Bernhard Gruben*

Über 72.000 Menschen haben die Seenotretter der Deutschen Gesellschaft zur Rettung Schiffbrüchiger seit ihrer Gründung am 29. Mai 1865 in kritischen Situationen geholfen, Seglern im Sturm, Fischern in Not, Seeleuten auf Frachtern und Bohrinseln, auch Kinder wurden an Bord geboren. Denn die DGzRS hat ihre Wurzeln im Kampf der Menschen gegen die See. 45 Rettungsmänner sind bisher auf See geblieben. Dass ihre Arbeit gefährlich sein kann, wissen die Seenotretter. Aber tödlich….?

*

Ein halbes Jahr später. Die „Alfried Krupp" kehrt zurück nach Borkum in ihre Einsatzstation. Nach einem halben Jahr Reparaturzeit in der Werft zählt der Seenotrettungskreuzer zu den modernsten Rettungsschiffen in Europa. Um der Besatzung ein Höchstmaß an Sicherheit zu geben, wurde die „Alfried Krupp" völlig neu konzipiert und mit einem neuen geschlossenen oberen Fahrstand versehen. Die Heckpartie wurde verbreitert, um das Schiff stabiler und schneller zu machen. Hinter dem Ruderhaus an der Steuerbordseite wurde ein zusätzlicher offener Fahrstand mit Manövrierhilfen eingerichtet. Das erleichtert spezielle Manöver wie das An- und Ablegen, das Längsseitsgehen an einen Havaristen und das Herstellen einer Schleppverbindung. Von diesem Steuerstand ist auch eine direkte akustische Verbindung mit anderen Schiffen oder Personen möglich.Durch den Wegfall des bisherigen unteren Fahrstandes wurde Platz geschaffen für das Bordhospital mit einer verbesserten Anordnung der medizinischen Ausrüstung. Zusätzlich wurde vom Ruderhaus zum unteren Deckshaus ein innerer Niedergang geschaffen. Die „Alfried Krupp" verfügt somit bereits über die Sicherheitstechniken, die zukünftig in den Neubauten der DGzRS installiert werden sollen. Vormann Fritz Brückner sagte bei der Ankunft: „Wir sind sehr zufrieden. Denn in diesen Umbau sind die Rettungserfahrungen der Seenotrettungsflotte eingeflossen. In die Reparatur des Kreuzers und des Tochterbootes wurden über 1,5 Millionen DM investiert."

DIE „ALFRIED KRUPP"

Der Seenotrettungskreuzer „Alfried Krupp" mit dem Tochterboot „Glückauf" wurde am 1. Juli 1988 in Dienst gestellt. Das Schiff löste die „Georg Breusing" ab, die in der Zeit von Mai 1963 bis Juli 1988 gute Dienste geleistet hatte. Der Neubau der „Alfried Krupp" konnte nur durch eine Spende der „Alfried Krupp von Bohlen und Halbach-Stiftung" in Höhe von 5 Millionen DM verwirklicht werden. Zum Zeichen des Dankes wurde das Schiff auf den Namen seines Spenders getauft. Das Tochterboot erhielt als Namen „Glückauf", den traditionellen Gruß der Bergleute.

Baujahr:	1988
DGzRS Baunummern:	KRS 18 – Alfried Krupp
Taufe:	14. Juni 1988 in Bremen – Vegesack
Tochterboot:	Glückauf (KRT 18)
Bauwerft:	Fr. Lürssen Werft Lemwerder
Stationierung:	Seit 1. Juli 1988 auf Borkum

Schiffsdaten:

Schiffstyp:	Seenotkreuzer
Rufzeichen:	DBAA
Schiffsklasse:	27 m-Klasse
Verdrängung:	103 t
Länge:	27,50 m
Breite:	6,53 m
Tiefgang:	2,10 m
Geschwindigkeit:	23 kn
Heimathafen:	DGzRS-Station auf Borkum
Bauwerft:	Lürssen-Werft
Baujahr:	1988 Werft-Nr. 13526
Motorleistung:	Mittelmotor 1.633 PS, 2 Außenmotoren je 830 PS
Antriebskraft:	3.293 PS (3 Propeller)
Besatzung:	8 Mann

Technische Ausstattung: Funkanlagen UKW und GW, Echolot, Radar ,
                               Homing, Selbststeueranlage, DSC, Navtex,
                               Funkpeiler, DGPS, AIS, Videoplotter,
                               Fremdlenzpumpe, Bordhospital
Feuerlöschanlage: 2.200 t/h. 2 Monitore je 1.100 t/h
                               Wurfweite 130 m

Dritter Vormann Michael Haack (links)

Zweiter Vormann Ralf Schäfer

Tochterboot „Glückauf"

Schiffstyp:	Tochterboot
Rufzeichen:	DF 7682
Bauwerft:	Fassmer-Werft Berne
Länge:	8,18 m
Breite:	2,80 m
Tiefgang:	0,82 m
Verdrängung:	4,2 t
Geschwindigkeit:	17 kn
Motorleistung.:	180 PS
Technische Ausstattung:	Funkanlagen, Echolot, Kompass, DGPS

Brücke der „Alfried Krupp"

DIE NIEDERLÄNDISCHEN KOLLEGEN DES KNRM

Das Einsatzgebiet der „Alfried Krupp" umfasst 120 bis 150 Seemeilen nach Nordwesten, im Bedarfsfall auch weiter. Nach Westen ist schnell die niederländische Staatsgrenze und somit das Revier der niederländischen Kollegen der Königlich Niederländischen Rettungsgesellschaft (Koninklijke Nederlandse Redding Maatschappij, KNRM) erreicht. Diese Grenze überqueren wir auch, wenn wir bei einem Notfall am schnellsten bei dem Hilfesuchenden sein können. Es ist auch nicht unüblich, dass die Niederländische Küstenwache (Nederlandse Kustwacht) die Unterstützung der DGzRS erbittet, genauso wie die deutschen Seenotretter bei den Niederländern anfragen. Starre Grenzen bestehen nicht – wer helfen kann, der geht sofort dahin, wo Hilfe gebraucht wird. Die Zusammenarbeit ist über Staatsgrenzen hinweg vorbildlich und unter Seenotrettern selbstverständlich.

Holländisches Rettungsboot „Jan en Titia Visser" zu Gast auf Borkum am Tag der Seenotretter

Technische Daten des Rettungsboots:

Länge: 14,40 m, Breite:5,40 m, Tiefgang:0,75 m
Motorisierung: 2 x 680 PS, Jetantrieb
Geschwindigkeit: 34 Knoten
4 Mann Besatzung. Die Besatzung besteht ausschließlich aus Freiwilligen
Station: KNRM Eemshaven

DIE TRAGÖDIE VON 1860 UND DIE
ENTSTEHUNG DER SEENOTRETTUNG AUF BORKUM

Die Nordsee ist schon immer ein Revier, das Seefahrer aller Zeiten und Nationen vor schwierige Anforderungen stellt. Immer wieder kommt es zu Strandungen, denen die Borkumer nicht immer chancenlos gegenüber standen. 1829, 1846 und 1847 retteten sie vom Strand aus fast aussichtslosen Notsituationen Schiffbrüchige an Land. 1849 bewahrte der Fischer E. Elderts sieben Menschen vor dem sicheren Tod in der Nordsee vor Borkum. Der Schiffsverkehr nahm zu und an der gesamten deutschen Nordseeküste strandeten von 1854 bis 1861 insgesamt 76 Schiffe. 118 Menschen starben dabei. Bisher gibt es keine organisierten Rettungseinheiten auf den Ostfriesischen Inseln oder auf dem Festland.

Die Wende kommt mit einem Tag im September 1860. Das Wetter ist klar, aber seit Tagen treibt starker Wind hohe Wellen über das Borkumriff an die Strände der Insel. Früh am Morgen arbeiten Melkerinnen auf den Wiesen und der Wind treibt schwache Hilferufe zu ihnen. Sie hören, dass die Rufe vom Meer hinüber geweht werden. Ängstlich vermuten die abergläubischen Frauen Gespenster und fliehen zurück ins Dorf. Aber auch andere Borkumer haben die Rufe gehört, sind an den Strand und auf die Dünen geeilt. Nur wenige Hundert Meter von ihnen entfernt liegt die Brigg „Alliance" auf den Sandbänken, bereits mit schwerer Schlagseite, hin- und hergeworfen von dem heftigen Wind und der tosenden Brandung.

Machtlos müssen die Borkumer dem aussichtslosen Überlebenskampf der Mannschaft und der Besatzung der „Alliance" zuschauen. Ebenso aussichtslos ist jeder Versuch, vom Strand aus das havarierte Schiff zu erreichen. Die Brandung ist unbezwingbar, alle Menschen an Bord sterben.

An der Küste und auf den Inseln setzt die Katastrophe der „Alliance" tatkräftige Männer in Bewegung. Der Navigationslehrer Adolf Bermpohl brandmarkt die Tragödie als „Schande für die Deutschen". Bermpohl verfasst einen öffentlichen Aufruf, in dem er schreibt, dass es an der Zeit sei, an der deutschen Küste Rettungsstationen zu errichten. In Oberzollinspektor Georg Breusing, Rechtsanwalt C.Kuhlmeyer und dem Journalisten Dr. Arwed Emminghaus findet er Mitstreiter. Im März 1861 gründet Georg Breusing mit Gleichgesinnten den ersten regionalen Seenotrettungsverein in Emden: den Verein zur Rettung Schiffbrüchiger in Ostfriesland. 1862 errichtet dieser Verein mit Borkumern die erste Rettungsstation auf der Insel. Er finanziert den Bau eines Ruderrettungsbootes und tauft es auf den Namen „Ostfriesland". Das zu der Zeit noch teilweise von der Insel getrennte Ostland erhält ein Jahr später ein weiteres Ruderrettungsboot, die „Upstalsboom". Seit dieser Zeit wird von der Insel Borkum aus ununterbrochen der Rettungsdienst geleistet, aber auch 9 Rettungsmänner ließen in dieser Zeit ihr Leben.

Auf dem Weg zur Unfallstelle erhält das Rettungsboot von der Seenotwache laufend die letzten Meldungen

Arved Emminghaus schafft es, die regionalen Organisationen zu vereinigen: Am 29. Mai 1865 wird die Deutsche Gesellschaft zur Rettung Schiffbrüchiger in Kiel gegründet. Durch Gesellschafterbeschluss wird festgelegt, dass der Sitz der Rettungsgesellschaft Bremen sein soll und ein Bremer Kaufmann den ehrenamtlichen Vorsitz innehaben soll. Erster Vorsitzender ist der Bremer Kaufmann und Gründer des Norddeutschen Lloyds Hermann Heinrich Meier. Bis heute ist Bremen der Sitz der Gesellschaft. 1868 schließen sich auch die Ostfriesen mit ihren Rettungsstationen der DGzRS an.

Arved Emminghaus (1831-1916), Redakteur des Handelsblattes in Bremen, gilt als der eigentliche Schöpfer der DGzRS. Er berief 1865 eine Versammlung aller bereits bestehenden regionalen und örtlichen Rettungsvereine zu einer Tagung nach Kiel. Dort wurde der Beschluss zum Zusammenschluss aller Vereine zu einem einzigen nationalen Verein, der Deutschen Gesellschaft zur Rettung Schiffbrüchiger, gefasst.

Victoriahöhe.

Hotel Eltze.

GRUSS aus BORKUM

Rettungsstation am Südstr...

Schip up strand

Rettungsboot unterwegs

Marsch d. Kompagnien z. Übungsplatz

Beim Musikpavillon

Nordseebad Borkum

Upholm

Beim Nummer-Ausrufen

Segelbuhne

Am Bahnhof

Wasser-lassen d. Rettungsbotes

Wilhelmslus

...strasse mit Lesehalle

Kaiserstrasse

Gruss vom Nordseestrande. Rettungsboot vor der Ausfahrt (Mannschaft mit Schwimmgürteln).

Borkum, d. 189

DIE STATION BORKUM

Die öffentliche Diskussion nach der Strandung der „Alliance" 1860 hinterließ auch auf Borkum Spuren. Der von Oberzollinspektor Georg Breusing, Rechtsanwalt C.Kuhlmeyer und dem Journalisten Dr. Arwed Emminghaus in Emden gegründete „Verein zur Rettung Schiffbrüchiger in Ostfriesland" beginnt, auf der Insel nach tatkräftigen Männern für die Einrichtung einer Rettungsstation zu suchen. Die Größe Borkums stellt sie vor besondere Herausforderungen, da die Insel zu der Zeit noch tideabhängig zwischen Westland und Ostland getrennt war. Der Emder Verein finanziert den Bau des ersten Ruderrettungsbootes „Ostfriesland" und errichtet 1882 die erste Rettungsstation. Nur ein Jahr später entsteht die Station Ostland mit einem weiteren Boot, der „Upstalsboom".

Von Pferden gezogen, wurden die Ruderrettungsboote auf Transportwagen zu Wasser gebracht.

Die Besatzung der HINDENBURG I gemeinsam mit der von ihr aus Seenot geretteten Besatzung des Dampfers HAGFORS: Jan Lübben, Folkert Meeuw, Berend Veen, Otto Hermann, Werner Glockmann und Vormann Johann Willms auf der Treppe des Restaurants Aikes an der Reede. Der Vormann erhielt als Anerkennung für die Rettung eine goldene Uhr, die heute im Borkumer Heimatmuseum ausgestellt ist.

Die SCHWABEN, das Ruderrettungsboot der Station Borkum-West beim Transport aus dem Bootsschuppen.

Foto der Borkumer Rettungsmannschaft aus den 1890er Jahren. Die beiden Stationen Borkum-West und Borkum-Ost retteten von 1890 bis 1900 63 Menschen das Leben.

Borkum, 12. Februar 1957: Bundespräsident Heuss, Schirmherr der DGzRS von 1950-1959, an Bord des nach ihm benannten Seenotrettungskreuzers mit dem Vormann Wilhelm Eilers.

Dritter Vormann Michael Haack und Klaus Wybrands

ALFRIED KRUPP

Der „rote" und der „grüne" Kai: Kai Pahlke und Kai Binge

Christian Erdwiens

Ralf Michael „Johann" Krösche

Die Borkumer Vormänner

1862-1875: Geerd Teerling

*Von 1862 - 1875 Vormann auf dem Ruderret-
tungsboot „Ostfriesland". In dieser Zeit hat er mit
seinen Leuten 118 Menschen das Leben gerettet
oder sie aus aussichtslosen Situationen befreit.*

1875-1897: Thomas Bekaan

*Thomas Bekaan übernimmt das Kommando auf der
„Ostfriesland" und anschließend das Ruderrettungsboot
„Emden". Im Ostland ist zu der Zeit das Ruderret-
tungsboot „Timmel" stationiert. Er übernimmt auch das
heute noch im Borkumer Heimatmuseum ausgestellte
– Ruderrettungsboot „Otto Hass". Als Vormann hat
er mit seiner Mannschaft 88 Personen vor dem „nassen
Tod" bewahrt.*

1897-1925: Hermann Akkermann

*In die Ära von Hermann Akkermann fällt 1919
die Indienststellung des ersten Motorrettungsbootes,
die „Ferdinand Laeisz". Er konnte in dieser Zeit
mit seiner Mannschaft 98 Menschen retten.*

1925-1932: Johann Willms

*1926 Indienststellung des Motorrettungsbootes
„Hindenburg I"*

1932-1940: Hans Lüken

1941-1945: Folkert B. Meeuw

1932 übernimmt Hans Lüken dann das Motor-
rettungsboot „August Nebelthau I", das von der
Station Cuxhaven zur Station Borkum verlegt wird.
Durch Hans Lüken und seine Rettungsleute können
bis zu dem schweren Unglück mit der „Hindenburg
II" über 200 Menschen gerettet werden.

1945-1976: Wilhelm Eilers

Im Mai 1945 wird das Motorrettungsboot „Borkum" in Dienst gestellt. Mit diesem Schiff übernimmt Wilhelm Eilers die Aufgabe des Vormanns bis zum Eintritt in seinen Ruhestand 1976. Eilers ist während seiner Dienstzeit immer ein hochgeachteter Vormann. Durch seine teilweise spektakulären Rettungseinsätze verschafft er sich weltweiten Respekt. Der Vormann erhält mit der Rettungsmedaille in Gold die höchste Auszeichnung der DGzRS. Zusätzlich wird er mit zahlreichen Auszeichnungen internationaler Rettungsgesellschaften sowie Orden und Ehrenzeichen verschiedener Länder gewürdigt. Wilhelm Eilers nennt seine Kollegen oft „mein König": Legendär ist sein Spruch: „Mein König, dann mach´ mal achtern die Leinen klar!"

1976-2001: Karl F. Brückner

Karl Friedrich „Fritz" Brückner hat in den Jahren von 1977 bis 2001 mit seiner Crew 1.904 Menschen gerettet oder aus misslichen Lagen befreit.

seit 2001: Ralf Brinker

Vormann ab 2001. Ralf Brinker leitet als 1. Vormann seit dieser Zeit die Station Borkum.

Die Rettungsboote und Seenotkreuzer der Station Borkum

Gründung der Station 1862

1862 Ruderrettungsboot OSTFRIESLAND

1863 Ruderrettungsboot UPSTALSBOOM

1874 Ruderrettungsboot EMDEN

1883 Ruderrettungsboot TIMMEL

1890 Ruderrettungsboot SCHWABEN

Die SCHWABEN wird zu Wasser gelassen

1984 Ruderrettungsboot OTTO HASS

Das Ruderrettungsboot OTTO HAAS - heute im Heimatmuseum Dykhus ausgestellt

1918 Motorrettungsboot FERDINAND LAEISZ

Das Ruderrettungsboot FERDINAND LAEISZ

1926 Motorrettungsboot HINDENBURG I

Das Rettungsboot HINDENBURG I

1932 Motorrettungsboot AUGUST NEBELTHAU

Das Borkumer Ruderrettungsboot vor dem Borkumer Strand um 1934
Besatzung v.l.n.r.: Jacob Lübben, Willi Glockmann, Folkert Meeuw, Heinrich Bekaan, nn., Evert Wyb-
rands, Berend Veen, Vormann Hans Lüken, Heinrich Elderts.

1932 Motorrettungsboot AUGUST NEBELTHAU

Besatzung v.l.n.r.: Willi Glockmann, Jacob Lübben, Folkert Meeuw, Heinrich Bekaan, nn., Evert Wybrands, Berend Veen, Vormann Hans Lüken, Heinrich Elderts.

AUGUST NEBELTHAU auf Einsatzfahrt vor Borkum.

1937 Motorrettungsboot HINDENBURG II

Das Rettungsboot HINDENBURG II

Im März 1937 wird die „Hindenburg II" in Dienst gestellt. Dieses Motorrettungs-boot erhält erstmals beheizte Unterkunftsräume für die Mannschaften. Das Schiff ist seit dem 28. November 1940 verschollen. Sechs Rettungsmänner haben an diesem Tag ihr Leben lassen müssen. Wie dieses Unglück geschah, kann bis heute nicht ein-deutig geklärt werden. Angenommen wird, dass das Boot nach einem Einsatz auf der Rückreise auf eine Seemine gelaufen ist.

1941 Motorrettungsboot KONSUL KLEYENSTÜBER

1945 Motorrettungsboot BORKUM

Stationiert auf Borkum 1945 bis 1957, Vormann Wilhelm Eilers. Die BORKUM trägt die Regis-
triernummer XL 11 am Bug. Auf Anordnung des Military Government vom 10. Juni 1946 mussten
alle deutschen Schiffe bei der „Control Commission for Germany Transport Division Shipping Branch"
gemeldet werden. Sie erhielten nach Erfassung eine Nummer, die am Bug gezeigt werden musste.

1957 Seenotrettungskreuzer THEODOR HEUSS
mit Tochterboot TEDJE

Seenotrettungskreuzer THEODOR HEUSS

Die THEODOR HEUSS *1962 bei Begleitung einer Segelregatta*

1963 Seenotrettungskreuzer GEORG BREUSING
mit Tochterboot ENGELKE UP DE MUER

Rückkehr vom Einsatz und Einfahrt in den Borkumer Schutzhafen (vor 1973): Auf dem Vordeck:
Hinrich Nordmann; im Turm: Wilhelm Eilers (links, weiße Mütze), daneben vermutlich Gerd Feeken
(schwarze Mütze).

GEORG BREUSING; heute als Museumsschiff in Emden.

1988 Seenotrettungskreuzer ALFRIED KRUPP
        mit Tochterboot GLÜCKAUF

Taufe der ALFRIED KRUPP am 14.Juni 1988

Seenotrettungskreuzer ALFRIED KRUPP

STATISTIK DER HILFE

Von der Station Borkum aus wurden von 1862-2001 ca.3.600 Personen in Notlagen geholfen.

Zeit von Vormann Wilhelm Eilers   1945-1976   1236 Personen

Zeit von Vormann Fritz Brückner   1977-2001   1904 Personen

NAMENSREGISTER

Die Borkumer Rettungsmänner und ihre Unterstützer

Wir haben versucht, die Liste so vollständig wie möglich zu gestalten. Sollten Namen von Rettungsmännern oder Unterstützern fehlen, bitten wir um Entschuldigung. Bitte melden Sie sich beim Verlag und wir können bei der Neuauflage des Buches die Liste ergänzen.

A   Akkermann, Hermann

B   Baumgärtel, Thomas
Bekaan, Heinrich
Bekaan, Thomas
Bekeschus, Thomas
Bermpohl, Adolf
Binge, Kai Uwe
Borowski, Stephan
Bosse, Randolf
Bötcher, Horst
Brämer, Horst
Braun, Dr. Thomas
Brensing, Andreas
Breusing, Georg
Brinker, Maike
Brinker, Ralf
Brückner, Karl Friedrich „Fritz"

C   Czipull, Michael

E   Ehlers, Walter
Eilers, Hermann
Eilers, Wilhelm
Elderts, E.
Elderts, Heinrich
Eltze, Carl
Emminghaus, Dr. Arwed
Erdwiens, Christian
Erdwiens, Heiko
Erdwiens, Jan

F   Feeken, Gerd
Ferle, André
Fischer, Theo
Förtsch, Gert
Fresemann, Friedrich „Fiete"
Fuhs, Hans-G.

G   Gerdelmann, Uwe
Glockmann, Willi
Gröpel, Manfred
Gruben, Bernhard

H   Haack, Michael
Hedden, Heinz
Hülsenbusch, Geerd „Ferdi"

AM 28 NOVEMBER 1940
KEHRTE DAS MOTORRETTUNGSBOOT
"HINDENBURG" DER STATION BORKUM
VON EINER RETTUNGSFAHRT NICHT
ZURÜCK. MIT IHM BLIEBEN AUF SEE
DIE FREIWILLIGEN RETTUNGSMÄNNER

HANS LÜKEN – ABELIUS MEYENBURG
FRIEDRICH OHLSEN – ANTON NOLTING
CARL ELTZE – WILLI GLOCKMANN

GEDENKET IHRER UND ALL DER ANDEREN
MÄNNER DER DEUTSCHEN GESELLSCHAFT
ZUR RETTUNG SCHIFFBRÜCHIGER, DIE IM
FREIWILLIGEN KAMPF UM DAS LEBEN
SCHIFFBRÜCHIGER DEM RETTUNGSWERK
DIE TREUE HIELTEN BIS IN DEN TOD

Gedenkstein an der Deichstraße

POESIE DER SEENOTRETTER

Hans Lüken zum Gedenken
Die letzte Fahrt der Rettungsmannschaft der „Hindenburg II"
Hans Lüken und seinen Getreuen zum Gedenken

Von Wilhelm Tegtmeier, Borkum 1940

Es rollen die Wogen im rastlosen Drang
es stürzen die Brecher vorm Bug entlang
es tobt wie die Hölle die geifernde Gischt
am Himmel das einsamste Sternlein verlischt
unheimlich vom Meer her tobt der Nordwest
doch noch liegt das Schifflein am Ankertau fest.

Es ruft`s durch die Nacht: Kameraden in Not!
Es fallen die Taue, es bäumt sich das Boot.
doch einmal nur beben die Ausfahrer bleich
dann flüstern sie trotzig: Wir kommen sogleich.
Wir helfen ja immer, wenn Not ist am Mann
wir tun es ja immer, was Menschenwerk kann.

Wir rissen so manchen vom Sterben zurück
er atmet noch heute und dankt uns sein Glück
wir aber, wir fahren von Neuem hinaus
ins haltlose Schwanken, in Nacht und in Graus
und schlagen die Wogen auch himmelwärts
so schlägt doch in uns auch ein tapferes Herz.

Wohl lieben auch wir unser Weib, unser Kind
doch Wellen und Wogen das Höchste uns sind
ihr Rauschen erfüllt uns von Jugendzeit an
was damals nur Traum, ist Besitz nun dem Mann
und drohn sie auch heute und lechzen nach Blut
wir sind ihnen trotzdem wie Brüdern so gut.

Nun Vormann, nun drehe dein Boot wieder bei
der Sturm er riß selber das Schiff wieder frei
sie funken herüber, wir rufen zurück
wir wünschen einander zur Weiterfahrt Glück
bald stehen wir wieder auf sicherem Land
und alle Gefahren sind wieder gebannt.

Nun schnell. Kameraden, nur schnell von hier fort
es hockt ja das bleiche Gerippe an Bord
doch schon ist´s geschehen, eh wir es erkannt
es warf ins Boot den tückischen Brand
es donnert und berstet, es splittert und kracht
unheimlich erleuchtend die finstere Nacht.

Genossen des Lebens, Gefährten im Tod
wir gleiten nun tiefer in eisige Not.
O Himmel und Erde, o seht dort den Schein.
Ist´s wahr oder Täuschung, o kann es so sein?
Dort leuchtet der Leuchtturm, das goldene Licht
doch wir sind verloren, uns leuchtet er nicht.

Ein Gruß nur, ein letzter, von Weib, Kind und Herd
von allem, was lebend uns lieb war und wert
so nah liegt die Heimat, das sichere Land
doch nirgends erscheint uns die rettende Hand
wir müssen nach unten, wir müssen hinab
wir sehen die Heimat und müssen ins Grab.

Wir fuhren so manchmal zur Rettungstat aus
wir brachten so manchen getreulich nach Haus
wir fragten nicht lange nach unserem Glück
wie wir nur die anderen brachten zurück
doch nun da wir selber in äußerster Not

Doch wie dem auch sei, wir ertragen, was kommt
es hat uns ja nie die Verzagtheit gefrommt
und wie wir auch lieben das Licht und den Tag
erlebt mit des Blutes lebendigem Schlag
wir setzten für andere das Leben ja ein
nie kann drum das Leben verwirkt für uns sein.

Doch wie dem auch sei, wir ertragen, was kommt
es hat uns ja nie die Verzagtheit gefrommt
und wie wir auch lieben das Licht und den Tag
erlebt mit des Blutes lebendigem Schlag
wir setzten für andere das Leben ja ein
nie kann drum das Leben verwirkt für uns sein.

O Rauschen des Meeres, Du ewiges Lied
Du sangst uns ins Leben, das jetzt uns entflieht
auf schwingenden Flügeln, melodisch und weich
geleite uns schwebend ins andere Reich
wir heben letztmalig, uns fügend ins Muß
die Hand aus den Wellen der Heimat zum Gruß.

Als darauf am Morgen die Sonne erglüht
da raunen die Wellen ein herrliches Lied
es wird noch erklingen in künftigster Zeit
von tapferen Männern, die immer bereit,
die immer ihr Leben für andre gewagt
und denen zum Dank nun die Ewigkeit tagt.

Vormann Hans Lüken und seine fünf Kameraden starben am 28. November 1940 an Bord des Motorrettungsbootes „Hindenburg". Es kehrte von einem Einsatz vor Borkum nicht zurück, wahrscheinlich lief es auf eine Mine. Der Seenotrettungskreuzer „Hans Lüken" wurde auf den Namen des Vormanns am 23. September 1969 getauft. Das Tochterboot erhielt den Namen „Abelius", nach dem ebenfalls bei dem Unglück gestorbenen Zweiten Vormann Abelius Meyenburg.

Die „Hans Lüken" war in Wilhelmshaven, auf Langeoog, Greifswalder Oie und in Büsum stationiert. Seit Außerdienststellung ist das Schiff im Deutschen Schifffahrtsmuseum in Bremerhaven ausgestellt. Die Namen der gestorbenen Rettungsmänner der „Hindenburg II" : Hans Lüken, Abelius Meyenburg, Friedrich Ohlsen, Anton Nolting, Carl Eltze, Willi Glockmann

Schiff in Seenot
Unseren drei Rettungsmännern vom Rettungsboot „Borkum" gewidmet

Unbekannter Autor

Kochende See und Wellengetos
Dort draußen am Riff ist die Hölle los –
Es heult der Nordwest in Mast und Gestänge.
O, dass doch das Schiff noch die Einfahrt gelänge!
Sie müssen es wagen – kein Lotse an Bord
Wollen heil sie erreichen den sicheren Port.

Durch Regenschwaden ein Lichtstrahl bricht
Da vorn voraus kommt schon Borkum in Sicht!
Es brüllet die See – es schäumet die Gischt –
Ein donnerndes Krachen – jetzt hat´s uns erwischt!
Und der Funker funkt nach Ost, Süd und Nord:
SOS – Rettet uns ! – Holt uns von Bord ! –

Und drüben am Lande , da wird man jetzt munter,
Schon rast ein Auto zum Hafen hinunter!
Drei Rettungsleut´ nur – besser wären fünf oder vier
Doch jetzt gilt´s rasch – keine Zeit zu verliern!
Und mit voller Fahrt geht's in Nacht und Graus
Auf befohlenen Kurs in die See hinaus!

Augen und Sinne das Dunkel durchbohren –
Eilt Euch ihr Retter – sonst sind sie verloren!
Und dort, von den Scheinwerferstrahlen erfasst,
Das geborstene Schiff , nur noch Brücke und Mast
Aufragend aus wuchtender Brecher Gewittern,
aus brüllender Grundsee, Krachen und Splittern.

Hier hilft nicht Rakete noch Rettungslein`
Immer wieder heißt`s in die Hölle hinein!
Einmal um das andre, sie müssen es wagen,
sie spüren´s - hier geht es um Kopf und Kragen!
Und im zähen Ringen mit aller Kraft,
wird Mann um Mann dann herüber geschafft.

Schon wieder warten am hohen Bord
Zwei Männer auf das erlösende Wort;
Da reißt eine See von den Lippen den Schrei-
Ein gurgelndes Brausen - und alles vorbei ---
Und stumm gehen die Blicke ins Wasser nieder;
Ihr Armen, Euch sehen wir niemals wieder!

Und mit fiebernder Hast, die Pulse fliegen,
wird geschafft, bis der Letzte ist übergestiegen!
Nun wendet sich heimwärts des Schiffes Bug.
Zu den Lieben geht schon des Gedanken Flug.
War´s oft auch, als müsste die „Borkum" zerspalten;
Dem Himmel sei Dank , sie blieb uns erhalten.

Wer niemals fraget nach klingendem Lohn,
Wenn in Gefahr fremder Mütter Sohn.
Wer in Nacht und Sturm und heulendem Nord,
fremde Seeleute holte vom brechenden Bord;
In Sommers Hitz , bei des Winters Schnee,
Nie welkt Euer Lorbeer, Ihr Helden zur See.

Seenotrettungskreuzer ALFRIED KRUPP und HANS LÜKEN

GLOSSAR

A **achtern** Rückwärtiger Teil jenseits der Schiffsmitte (Heck = ganz achtern)

Achterschiff hinterer Teil des Schiffes

anheuern, anmustern Arbeitsvertrag für den Dienst an Bord eines Schiffes abschließen

aufklaren etwas sauber machen oder in Ordnung bringen; auch Verbesserung der Sichtverhältnisse

B **Back** zusammenklappbarer Esstisch; Vorschiffsaufbau

Backbord linke Schiffsseite, von achtern gesehen, nachts durch rotes Licht gekennzeichnet

Backschaft Tischgemeinschaft; Küchendienst

Beaufort (Bft) Windstärkenskala zur Einteilung von Windstärken

beidrehen, beilegen die Fahrt verringern und ein Schiff so gegen einen Sturm drehen, dass es wenig Widerstand bietet

belegen Taue, Trossen an Poller oder Belegnagel befestigen

Brücke Nautischer Leitstand des Schiffes; Kurzform für Kommandobrücke oder Brückenhaus

Buddel Flasche

Bug Schiffsvorderende; vorderster Teil eines Schiffes (Gegenstück: Heck)

Bulk Carrier, Bulker Massengutfrachter

Bullauge rundes, wasserdicht schließendes Schiffsfenster

bunkern Treibstoff an Bord nehmen

C **Crew** Besatzung eines Schiffes

D **Dampfer** Schiff, auch wenn es durch eine andere Antriebsart als mit Dampf betrieben wird

Deck durchgehender Stockwerksboden eines Schiffes (z.B. Oberdeck, Sonnendeck)

F **Fallreep** die an die Bordwand angehängte Treppe, um von oder an Bord gehen zu können

Fender Polster zum Schutz der Bordwand vor Beschädigungen

F Feuer   beleuchtetes Seezeichen wie Leuchttürme, Leuchtbaken, Leuchttonnen
fieren   langsam senken, herunterlassen
Freibord   Höhe zwischen Wasserlinie und Deck
Freiwache   dienstfreie Zeit zwischen den Wachen

G Gangway   Laufsteg zwischen Land und Schiff
gieren   Hin- und Herdrehen des Schiffes in der Längsachse
Großsegel   Segel am Großmast eines Segelschiffes bzw. am Mast eines Segelbootes

H Hebel auf den Tisch legen   Umgangssprachlich für Volle Fahrt
Helgolandpforte   Seiteneinstieg
Heck   hinterster Teil eines Schiffes (Gegenstück: Bug)
heißen, hissen   hochziehen (z. B. Flagge oder Segel)
hieven   hochziehen, hinaufziehen

J Jakobsleiter   Strickleiter, Fallreep

K Kajüte   Wohn- und Schlafraum auf Schiffen
kappen   abhauen, abschneiden, kürzen
Kaventsmann   Monsterwelle
Kiel   unterster Tragbalken von Schiffen
Kiel-Kanal   Nord-Ostsee-Kanal
Kimm   Horizontlinie
Knoten (kn)   Fahrgeschwindigkeit des Schiffes. 1 Seemeile (1,852 km) pro Stunde.
Koje   fest eingebautes Bett an Bord eines Schiffes
Kombüse   Schiffsküche
Krängung   Neigung eines Schiffs zur Seite
Kümo   Küstenmotorschiff
Kimmkiel   Zwei beidseitig der Mittschiffslinie angebrachte Kielflossen
Klampe   Einrichtung zum Befestigen von Tauwerk an Bord
längsseits   parallel zur Kielrichtung des Schiffes

L Lee   die dem Wind abgekehrte Seite (Luv = die dem Wind zugekehrte Seite)
Legerwall   auflandiger Wind, Wellen oder Strömung drücken das Schiff auf Untiefen

Leinenauge	durch Knoten geschlossenes Ende einer Leine
lenzen	eingedrungenes Wasser aus dem Schiff pumpen (mit der Lenzpumpe)
löschen	ein Schiff entladen
Logis	Mannschaftsunterkunft
Luv	dem Wind zugekehrte Seite (Lee = die dem Wind abgekehrte Seite)
Lifebelt	Sicherungsgurt
Lifeline	Sicherungsleine

M **maritim** — das Meer betreffend

N **Nautik** — Schifffahrtskunde
Niedergang — Treppe
Nipptide — niedrig ausfallendes Hochwasser und hohes Niedrigwasser (geringer Tidenhub);tritt auf, wenn Mond und Sonne in Quadratur stehen, d. h. aus Sicht eines irdischen Beobachters einen Winkelabstand von 90° haben (bei Halbmond bzw. im ersten und letzten Mondviertel)

P **Pier** — Anleger, Hafendamm, Landungsbrücke
Plicht — das-meist im hinteren Teil eines Bootes liegende-Cockpit
Poller — Metallpfeiler an der Pier zum Festmachen des Schiffes
pullen — rudern
Pütz — kleiner Eimer zum Wasser schöpfen

R **Reep** — Seil, Tau
Riemen — Ruder (-blatt) zum manuellen Antrieb
Ruder — Steuervorrichtung eines Bootes oder Schiffes

S **schlingern** — seitliches Schaukeln des Schiffes zwischen Steuer- und Backbord
Schott — Stahltrennwände im Schiffsrumpf
Seemeile — Entfernungsmaß: 1,852 km
Smut, Smutje — Schiffskoch
Spill — Winde zum Hieven von Ankern oder Lasten
Springtide — besonders hohes Hochwasser und niedriges Niedrigwasser (großer Tidenhub); tritt auf, wenn Sonne, Mond und Erde auf einer Linie liegen (bei Vollmond und Neumond)
stampfen — Ein- und Austauchen des Schiffes bei Seegang in Längsrichtung

	Steven	die vordere (Vorsteven) oder hintere (Achtersteven) Begrenzung des Schiffsrumpfes
	Steuerbord	rechte Schiffsseite, von achtern gesehen, nachts durch grünes Licht gekennzeichnet
	Süllbord	aufrechte Einfassung des Decks
	streichen	Segel oder Flagge einziehen
	Strich	32. Teil oder 11,25° des Kompasskreises (8 Strich: 90°; 32 Strich : 360°)
	Talje	Flaschenzug
T	**Tampen**	Stück oder Ende eines Taus
	Tide	Gesamter Gezeitenablauf von Flut und Ebbe
	Typhon	sehr lautes Signalhorn
	verholen	ein Schiff an einen anderen Liegeplatz bringen
V	**Verklicker**	Windanzeiger auf einem Segelboot
	Wache	Arbeitsschicht des Seemannes
W	**Winsch**	nur in eine Richtung drehbare Winde

FOTONACHWEISE

Peter Bertram

Andreas Borgert

Fritz Brückner

die reporter nachrichtenagentur

DGzRS

Christian Erdwiens

Rudi Erdwiens

Udo Kaja

Ulrike Schneider

Wolf Schneider

Klaus Wybrands

Jörg Zogel

Bei einigen historischen Aufnahmen liegen uns leider keine Quellenangaben vor

FOTONACHWEISE

Peter Bertram

Andreas Borgert

Fritz Brückner

die reporter nachrichtenagentur

DGzRS

Christian Erdwiens

Rudi Erdwiens

Udo Kaja

Ulrike Schneider

Wolf Schneider

Klaus Wybrands

Jörg Zogel

Bei einigen historischen Aufnahmen liegen uns leider keine Quellenangaben vor